人生を百倍楽しく生きる

生き方が、仏教

禅の十六戒・八大人覚

安達瑞光

Adachi
Zuiko

風詠社

はじめに

人は生まれながらに無垢《むく》で清浄《しょうじょう》な心がそなわった仏であるけれど、仏らしくないところがあるのも人です。どうして人は生まれながらに仏であるのに、仏らしくないところがあるのでしょうか。それは、人は煩悩《ぼんのう》の入れ物だからでしょう。尽きることのない貪欲《どんよく》のために煩悩が燃え上がってしまうのです。煩悩とは正しい判断を妨げてしまう心の働きで、煩悩が湧き出ると仏らしさが消えてしまい、悩み苦しむことになります。

愚僧が悩みごと相談を受け始めてより二十年が経ちました。悩みごとを聞いてほしい、そんな相手先を求めて「心の悩み・人生相談」のキーワードで検索して、電話やメールで相談をお寄せになります。悩みの解消にならないかもしれませんが、聞かせていただくことで、ちょっとでも気持ちが安らげばとの思いから、応対させていただいております。

この世とは自分の意のままにならない苦の世界です。生きている限り、苦しみや悩みは尽きません。一つの苦しみや悩みが解消できても、また新たな悩みや苦しみが生じます。

なぜ悩みや苦しみが絶えないのかということですが、その原因が他にあるのでなく、自分自身にあるからです。だから生き方を変えるということに気づくべきでしょう。

悩み苦しみの根源である煩悩が燃え上がらぬように、煩悩の炎を滅除せよということです。ところが、人は煩悩の入れ物ですから、尽きることなく煩悩が湧いてきます。

悪貨が良貨を駆逐するといいますが、煩悩が仏らしさを駆逐してしまうと、心身は乱れて、悩み苦しみを自分で招いてしまいます。悩み苦しみが深刻なものであれば、心身ともに病んでしまい、最悪の場合には立ち上がれなくなるから、自己管理はとても大切です。

人は生まれながらに自性清浄《じしょうしょうじょう》の心がそなわった仏であるから、仏らしい生き方である戒を持《たも》つことで仏らしく生きられる。悩み苦しむことなきように、日々の生活において戒を持つ生き方をしなさいと、お釈迦様は教えられました。

戒とは自性清浄心そのものですから、戒を護持《ごじ》する生き方を心掛けよということです。それで、まず懺悔《さんげ》して、そして仏法僧の三宝《さんぼう》に帰依《きえ》し、三聚浄戒《さんじゅじょうかい》、十重禁戒《じゅうじゅうきんかい》をいただくことを道元禅師は「教授戒文《きょうじゅかいもん》」で説かれました。

お釈迦様は最後のご説法に八大人覚《はちだいにんがく》を説かれました。八大人覚とは覚知すべき八種の法門で、少欲《しょうよく》・知足《ちそく》・楽寂静《ぎょうじゃくじょう》・勤精進《ごんしょうじん》・不妄念《ふもうねん》・修禅定《しゅぜんじょう》・修智慧《しゅちえ》・不戯論《ふけろん》です。

お釈迦様が最後にお説きになった八大人覚の教えは、如来の究極の正しい安らぎの心であるから、道元禅師もご自分の最後の教えとして「正法眼蔵八大人覚《しょうぼうげんぞうはちだいにんがく》」を説かれました。

お釈迦様が生きられたのは二千五百年も前のことです。そして道元禅師が生きられたのは、お釈迦様から千七百年を経た時代で、今から八百年前のことです。

人類は猛烈な早さで知識や技術を高めてきました。そしてそれは、ますます加速度的に進展しています。現代という時代は知識や技術の高まりがさらに加速しています。人間のつくり出した人工知能が、やがて人間の能力を超えてしまうのではと、そんな予測もされるようになりました。

現代は人の交流も、情報や金融や物流も全地球的に瞬時に行き交っています。人口爆発に食料の生産がついていけません。経済の動きは国境や民族の枠を超え、繁栄と衰退、競争と格差を生じさせています。独裁国家の覇権の動き、経済と金融の危機、地球規模での環境破壊、宇宙にまで広がった戦争の恐怖など、地球規模で不安要因が広がっています。

人々は日常の生活においても精神的、肉体的、経済的な不安をかかえながら生活しています。時代とともに人間関係における不安も多様化し、人々の悩み苦しみの様相も変わってきたようです。

こうした時代に生きていくのに何をよりどころとしたらよいのか、人々はそれを模索しているのでしょう。

諸々の苦悩は貪欲《どんよく》がもとで煩悩が燃え上がることから生じます。それで、煩悩が燃え上がらぬように心掛ける、また煩悩が燃え上がってしまっても滅除する。そのために、禅の十六戒をよく持《たも》ち、そして八大人覚《はちだいにんがく》を覚知する生き方が説かれているのです。

自らの貪欲から諸々の煩悩が生じます。ですから、戒を持つことで日々の生活において仏らしさが保持される。八大人覚を覚知することで煩悩の炎を滅除して、安楽の境地を持続することができる。禅の十六戒を護持し、八大人覚を覚知することで、人は仏らしく生きられると説かれています。

人には生まれながらに仏らしさがそなわっているから、人は本来仏です。したがって、自性清浄心を自覚する生き方をしたいものです。そして他を救い他と幸せを分かち合うことができれば、苦悩なく安らかな寂静《じやくじよう》の境地を日々に持続することができるでしょう。日常の心得として禅の十六戒をよく持ち、人生の道標として八大人覚を覚知して、「人生を百倍楽しく生きる」、これを願いとしたいものです。

この本が、今、悩み苦しみなく生きているのだと実感できる、そんな日々の生活を実現していくための一助になれば幸いです。

生き方が、仏教 ＊＊＊目次＊

第三章　禅の十六戒　日常の心得

第四章　遺教経に学ぶ

第五章　人生を百倍楽しく生きる

表紙・挿画　安達礼子

人はだれでも
諸々の条件がそなわったからこそ
この世に生まれてきた

人はだれでも
さまざまな条件に支えられているからこそ
この世で今、 生きていける

生死の苦しみをよろこびとなし
他を生かす楽しさを知る人ぞ尊し

第一章　身心一如

人間とは「世の中」

「私は、何のために生まれてきたのでしょうか。私は、いったい何のために生きているのでしょうか。それがわからなくなりました」。辛く悲しいことが続きますと、誰でも、そんな疑問を自分自身に問いかけるでしょう。そして苦しみからのがれるために、死んでしまいたいと思うことがあるかもしれません。ところが死がどういうものか、他人の死を認識できても、自分で死を体験できないから、死に対しても恐怖を感じてしまいます。

この世に存在するどの生き物も、自己の遺伝子を多く残すために生まれてきます。生き物たちは生き死に疑問を持つことなく、命を受け継ぎ、子孫を残して命を伝え、そして死んでいきます。生き死に疑問を持つ人間も同じことでしょう。

人間、すなわち人の命とは、人間の体をつくっている元素は全部で二十九種類で、酸素が半分以上（61％）を占め、次いで炭素23％、水素10％、窒素３％、と、この４種類の元素で97％を占めます。そして人体の化学成分比では、水分60％、たんぱく質18％、脂肪18％、鉱物質３・５％、炭水化物０・５％です。つまり水分が全体の60％を占め、組織はわずか40％に過ぎません。元素は宇宙の星の成分ですから、人間は宇宙人です。

人間の体はたった一個の受精卵の細胞から始まって、人として生まれ成長して五十兆個～六十兆個の細胞より成り立っています。そして一呼吸の間に、細胞が新しく生まれて、古い細胞が死んでいく。常に細胞は生まれたり死んだり、新陳代謝をしていますが、はたして人はいつも新しい自分を意識しているでしょうか。

幸せとはどういうことでしょう。健康で長生きは人の最大の願いですが、病にならぬ人、老いない人、死なない人はいません。財があれば幸せでしょうか、財は無いと心配ですが、有れば失うという不安がともないます。良き家族や友達があって、人とのつながりも上手くいっておれば幸せであると思うけれど、それとてもいつか別れがあるはずです。美味しいものが食べられたなら、などと、人の欲望は限りないものですが、いずれも幸せであると言い切れるでしょうか。

人間はどうして自ら死にたいと思ったりするのでしょうか。他の生き物は自死しないのに、なぜ人間だけが自死するのでしょうか。「何のために生まれてきたのか、何のために生きているのか」この問に答えられないからです。でも、それを一生の問いとして生きていかねばならないのです。だから、この世に生まれてきて、今生きていることを喜びに思える人。他から感謝され尊敬される人。その人は幸せであるといえるのかもしれません。

よく普通の生活とか、普通のお付き合いなどと、普通という表現をしますが、普通などないはずです。普通の人間、立派な人間、つまらない人間といっても、しょせんは人間の価値判断であり、宇宙の尺度があるとすれば、人間の尺度はあてにならないものです。

「人間」とは、という意味を広辞苑で引きますと、はじめに「世の中」とあります。すなわち、人と人とがさまざまに関係を持ちながら生きていくところがこの世ですから、「人間」すなわち「世の中」なのでしょう。

人間は「何のために生まれてきたのか、何のために生きているのか」その疑問を解くキーワードは、この「世の中」かもしれません。

「世の中」とは生死を超えた生かし合いの世界です。だから、この世に生まれてきたすべての生き物は、生かし合うために生まれてきた。生きるとは、生かし合うことで、人も例外ではありません。

生かし合いのために自分も「世の中」に必要とされている。それで自分が他に必要とされるに値する人であるかが問われます。したがって自分らしさとか、自分にしかできないという能力を身につけるべきです。「世の中」で自分に何ができるのか、そこが大切なところでしょう。

いかなる存在も不変でないから始めがあり終わりがある。したがって生きているのは「今」です。実在しているすべてのものは本来は空虚なものだから、命も自分のものであって自分のものでない。自分の命も授かった命であり、必要だから生かされている命です。人間という意味は「世の中」です。だから世の中に必要とされる自分であるべきです。「世の中」で自分に何ができるのか、そこが大切なところです。そのために向上心を鼓舞して自己の人格を高める努力を日々怠らないこと、そして慈悲心を育み、世の中から必要とされる自分であるために、他を幸せにという利他行の実践を心掛けたいものです。

人間は「何のために生まれてきたのか、何のために生きているのか」このことを問い続けている限り、迷い道に踏み込むことはないでしょう。

仏となるにいとやすきみちあり。もろもろの悪をつくらず、生死に著《じゃく》するこころなく、一切衆生《いっさいしゅじょう》のために、あわれみふかくして、かみをうやまい、しもをあわれみ、よろずをいとふこころなく、ねがふこころなくて、心におもふことなく、うれふることなき、これを仏となずく。またほかにたずぬることなかれ。「正法眼蔵生死」

人生三万日というけれど

人生に、四つのステージあり

現代の日本人は四人に一人が高齢者です。一昔前までは人生五十年と言われてきましたが、ここ五十年ほどの間に寿命が延びて、今では人生八十年になりました。けれども、食事・入浴・用便で、他の人の介助なく自分でできるのが、男女の平均で八十三歳ぐらいでしょう。それで今の日本人の生活元気年齢の限度を八十三歳として、日本人のライフスタイルを、四つのステージで設定してみました。一万日という区切りで見ると、はっきりとその姿がイメージできます。

人生の第一ステージ　〇歳～二十八歳（一万日）

人が誕生して、親に育てられ教育を受けて成人し、大人になる。仕事もするし恋もする。

人生の第二ステージ　二十八歳～五十五歳（二万日）

伴侶を得て結婚し、家庭を持って夫婦生活を営み子供を産み育てる。体力もあり自己の能力技術を発揮して社会に役立つ仕事をする。充実した人生の最も輝く時期です。

人生の第三ステージ　五十五歳～八十三歳（三万日）

この第三ステージの生き方が人生の良し悪しを決定づける。充実していれば一生が幸せであると言えるでしょう。第三ステージの生き方が高齢化社会の課題です。

人生の第四ステージ　八十三歳～百八歳（四万日）

第四ステージは「御負《おまけ》の命」です。

この四つの区切りを現代の日本人のライフステージとすると、そこからライフスタイルすなわち、「人生や生活に関する考え方」をはっきりとイメージできそうに思えます。

誰でも自分の一生の生き方を時系列で考えることがあるでしょう、来るべき未来に思いをめぐらし、また歩んできた過去を振り返る、そして今を考えるのです。

若い時は自分の生き方として、将来に思いをめぐらすというよりも、今が楽しければよいということで、今だけの享楽にふける生き方になりがちです。

第三ステージに至るまでは「何をもって幸せとするか。幸せとは何か」などと考える余裕もなく、日々があわただしさの中で過ぎ去っていくようです。けれども第三ステージでは「幸せとは何か」をつかんでないと、日々無味乾燥な暮らしになってしまうでしょう。

千年前、平安時代の頃の日本人の寿命は四十歳ぐらいだったと言われています。また、百年前に生きた人たちと比べても、現代の日本人は一万日も長く、三万日を生きるようになったのです。急速度で到来した人生八十年の時代では、大人期間を実質二倍も生きるようになりました。人生五十年の時代では、子を産み育てるや命尽きたのですが、現代では、多くの日本人がさらに三十年間も長く生き続けるようになったということです。

人は誕生して成長する期間を二十年間とすると、人生五十年の時代では、成人して以後大人期間を生きるのが三十年間です。けれども人生八十年の時代では六十年間です。実質二倍の人生を生きるようになったのです。子を産み育てる三十年を終えて以降の三十年間を、どのように楽しく生きるかが人々の課題です。だが、この高齢化社会は始まったばかりで、初めての体験ですから、長寿時代の理想的な生き方が未だ見えてこないのです。

人生三万日と言うけれど、人生の半分である四十年間は、寝て食ってトイレに入っている時間ですから、長寿時代と言うけれど、あっという間の人生です。

いったい人は何のために生まれてきたのでしょうか。それは他の生き物と同様に子を産み育て良い子孫を残すためでしょう。だが、そう言ってしまえばそれだけのことになってしまいます。それで、いくつになっても、心身ともに健康で生き生きと活動できて、経験と知識と技術を生かして仕事ができる、社会に貢献できる、生き甲斐や楽しみを求め続けることができる、とりわけ第三ステージではそうありたいものです。

二千五百年前に八十歳を生きた驚異的な長寿の人がいました、それがお釈迦様です。お釈迦様は今際《いまわ》のきわまで人々に生き方を説かれた、しかし健康で長生きしようとは説かれなかった。命はいつ尽きるかわからないからです。だから仏である自分に目覚めて、自分の生き方を変えて、悩み苦しみのない生き方をしましょうと説かれました。

自我の欲望のおもむくままに、自分勝手に生きようとすると、悩み苦しむことになる。それというのも、この世は共生《ともいき》の世界ですから、自分本位のわがまま勝手な生き方では生きづらくなってしまうのです。欲望に振り回され、欲望を追求するという生活を改めて、少欲知足を心掛けて、他の幸せを願う利他の生き方をしましょうと、お釈迦様は説かれました。

人生には出発点があり終着点がある。出発点はわかっているが終着点はわかりません。だからいつでも今、これでよしと言える、そういう生き方が望まれます。

人の一生の探しものは「幸せとは何か」ということでしょうか、いつでも「生まれてきてよかった、生きてきてよかった」と思える日々であれば、その人は幸せな生き方ができているということでしょう。人生は修行ですから、生きてる限りこれで終わりということはありません。

生老病死の、生と老と病は人間の成熟過程であり、死は成熟の終着点です

「仏道は必ず行によって証入すべきこと」と道元禅師は学道用心集で説いています。仏道とは修行であり、行の目指すところは真理の体得です。関西弁で表せば、「ほんまもん」の体得です。「ほんまもん」すなわち真理（仏法）を自分自身の上に実現させること、真理に自己を同じくすることでしょう。

人が成熟するとは、最高の人格に到達することであり、仏道ではさとりであり、仏となることです。あるいは仏にならずとも、それぞれの分野で菩薩として世のため人のために尽くせる人になることです。

学問やさまざまな研究分野でも、スポーツや、芸能や芸術においても、目指すところは最高の人格に到達することです。そして、自分のみならず他にも幸せを与えることであり、いずれもが真理の探求に通じることです。道とは人生そのもので、生きている限りこれで終わりということがありません。

欧米人の生死観は「生・死」でとらえるそうですが、これに対して、日本人は古来より「生老病死」としてとらえています。老と病は人間の成熟過程で、死はその成熟の果てにやってくると考えています。だから老いの生き方や、臨終の時をどのように迎えるかが重

大な関心事です。成熟過程である老いをどう生きるかは、高齢化時代の課題です。医療と介護が人の命を支える時代では、老衰でも病院で死ぬことが多くなったために、介護や看取りが大きな問題ですが、家族でない他人の世話になることが多くなりました。

現代人は老いや死を自然なこととして受けとめようとしなくなってきたようです。だから老いを嫌い、死をけがれたものと受けとめてしまいます。それで老いを迎えた者も老いの生き方にとまどい、病は死に至る恐怖と感じるようです。老いと病は人間の成熟過程で、死はその成熟の果てにやってくるなどという考え方でなく、現代の日本人は欧米人の生死観のように、「生・死」でとらえるようになってきたのかもしれません。

日本人の民族的生死観、霊魂観からすると、しだいに成熟して死を迎えた人間は、死を成熟の終着として、そして新たに祖霊となる出発とします。すなわち死は成熟の終着点であり、子々孫々に敬愛される先祖霊となる出発点でもあると考えてきました。

そして先祖霊となる冥土への旅立ちにおいて、どんなに地位や名誉があろうとも捨て去らねばなりません。財産があっても、何一つあの世への旅立ちには不要ですから、この世に残していきます。ただ一つあの世へ持っていくものがあるとすれば、それは生きてる間に何をしたか、どういう生き方をしたか、そういう行為を「業《ごう》」といいますが、この業だけは死んでからもその人について離れないのです。

長寿の時代であるといえども、誰もが長寿であるという保障はありません。命はいつ果てるかわかりません。そして、死んでからのことなどわからないから、あの世とはこういうところだと語り聞かせてくれる者などいません。だから、お釈迦様は死後のことを聞かれてもお答えにならなかった。そして、今をよりよく生きることだと教えられました。よりよく生きるとは、善き業を身につけ、悪しき業を身につけないこと、人は一生が修行であると教えられました。

死にゆく時は、ただ一人であり、お金やプライドなどにこだわっていても、何一つたよりになりません。だから、いつまでも心身ともにはつらつとして、命の輝きを失わずに、あの世へも身につけていける善根を積み続けたいものです。

この世に生まれてきたことを喜び、懸命に生きて、自分には善き業がいっぱい身についているだろうかと、時には我が身を振り返り、今の自分が褒められたらよいのでしょう。

「人の生をうくるは難《かた》し」とお釈迦様がいわれましたが、この世に生まれてきたことが、何よりも素晴らしいことです。でも、誰もが心底からそのように思っているでしょうか、そうであれば命をもっと大切にして自分の生き方も変わるでしょう。生きている今を喜び、向上しようという思いがもっと大きくなるはずです。

老いていく、病にもなる、いつ命が果てるかわかりません。だから、「やがて死すべきものの、今、生命あるはありがたし」とは、今を生きるべしということでしょう。

私たちに本来そなわっている、やさしく、おおらかで、そして清らかな心が仏心ですが、その仏心に目覚めることが、「生」「老」「病」「死」の命の成熟した生き方です。命はいつ果てるかわかりませんが、臨終という時には意識はないでしょう。だから、いつ果ててもよろしいという、そういう余裕をもって生きていけたら、命が成熟したということです。

今は人生八十年の長寿の時代です。二倍の大人年齢の期間を生きることになりました。したがって「老」と「病」にどう向き合って生きるかによって、人生の喜びや、悲しみの味わい方、すなわち、生き方が大きく違ったものとなるでしょう。

當《まさ》に知るべし今生《こんじょう》の我が身二つ無し、三つ無し、徒《いたずら》に邪見《じゃけん》に堕《お》ちて虚《むな》しく悪業《あくごう》を感得《かんとく》せん、惜《お》しからざらめや、悪をつくりながら悪に非ずと思い、悪の報あるべからずと邪思惟《じゃしゆい》するに依《よ》りて、悪の報を感得せざるには非ず。「修証義」

悩み苦しみの根源は他にあらず

ストレス社会に生きる現代人には、誰にでも悩み苦しみがあります、悩み苦しみのない人などたぶんいないでしょう。悩みや苦しみにはさまざまな原因があるようです。原因が自分でなく他にある、それで自分は悩み苦しまなければならないのだと主張する人がいます。また、世の中がこうだから、私も悩んでしまう、などと、世の中のせいにする人もいます。しかし、なるほどそうかもしれませんが、悩み苦しんでいるのは他ならぬ自分自身です。

悩み苦しみの原因と思われるものが人間関係であったり、夫婦のこと、仕事のこと、病気のこと、近隣とのこと、経済的なこと、などさまざまですが、いずれでも、他に原因を求める限り、他が変わらなければ悩み苦しみの原因が消えないというのであれば、自分自身の悩み苦しみが解消しないということになります。また新たな悩み苦しみが生じてくると、さらに解消がむつかしくなるから、真の解決策は苦しみの根源を他に求めないことです。多くは自分の問題として受けとめ、自分を変えることで悩み苦しみは解消できます。けれども、その原因によっては自分では解決できないものもあるでしょう。悩み苦しみの原因が他にある場合は、その根源をはっきりさせることで解消につながるでしょう。

自分自身で悩み苦しみからのがれる努力をしない限り、なかなかのがれられず、かえって悩み苦しみの度が深くなります。あくまでも自分の問題として受けとめ、自分が変わらなければ、悩み苦しみは解消しないでしょう。

人と人との関係においては、たとえ親子であろうと夫婦であろうと、自分の思うように人は応じてくれない。好きなお互い同士でも気に入らなくなると、愛する気持ちが憎しみに変わる。人生のパートナーにめぐり会えたと喜んでも、やがて冷めると別れがおとずれる。自分でない他は家族でも他人であり、自分の思い通りになりません。しょせん人は生まれながらに独りぼっちであることの基本認識をしておくことが大切でしょう。

人は生まれつき独りぼっちであるが、他の人との関係なくしては生きられません。ところが肉親であっても、親しい友人であっても、自分の思い通りにならないから、人間関係で悩み苦しみます。

おのれこそ　おのれのよるべ　おのれをおきてだれによるべき
よくととのえられしおのれこそ　まことえがたき　よるべをぞ得ん　「法句経一六〇」

明があれば暗がある、迷いとさとりは一つのもの

人はモノやお金に頼ろうとしますが、頼るほどにさらなる欲のために悩み苦しみが増してくるでしょう。欲望の炎は生きている限り消えないから、モノやお金にこだわらない、とらわれない、そういう心意気で生きていけば悩み苦しみと上手に付き合うことができそうです。

苦しんで、そこから抜け出すところに喜びがある、だから苦は楽のもとです。楽しいことばかりに浮かれていると、とんでもないところに落とし穴がある、楽は苦のもとです。苦の背は楽、楽の背は苦、苦楽は一つのものです。苦があるから楽がある、楽があるから苦がある、苦楽がともにあるからこの世はおもしろい。同じことは、喜びがあるところに悲しみがあり、悲しみがあるところに喜びがある、人生は悲喜こもごもです。

有るといって喜び、無いといって悲しむ、足りているといって満足し、足りないといって不平を言う。分かち合えば余りあることも、自分だけと言えば足りなくなる。欲望のために悩みながら生きているのが人間でしょうか。

生きている限り欲は消えないから、悩み苦しみからのがれられない。けれども、悩み苦しみの原因が何であるかを理解することで、悩み苦しみを小さくすることができそうです。

妄想や分別心が悩み苦しみをつくり出してしまいます。ですから、何ごともありのままに受け取ることが肝心です。悩み苦しみからのがれるのには、悩み苦しみを受け入れることです。絶望すれば、絶望を受け入れる、そうすると絶望の底があるはずです、絶望の底に至らなければ絶望そのものがわからない。曖昧な気持ちで絶望からのがれたいと思えば思うほど、絶望の底なし沼にはまり込んでしまう。絶望の淵に至って、その絶望をそのまま受け入れることが、絶望からのがれる方法です。絶望の闇の中であっても光は射し込んでいるはずです。闇と光を一つのものと受けとめることで、闇も明るくなるでしょう。

ものを見取るのは、自分の眼で耳でということですが、私たちは常に何ごとにつけても自分流に見たり聞いたりしてしまいます。分別心で受けとめれば、水に映る月を見るのにも、水と月を一つのものとして見ない。わがまま勝手な見方、聞き方をしている私たちは、ありのままに見取り、聞き取れていない、それが人間の妄想です。執着しないで見たり聞いたりすれば、何ごともありのままの真実が現われていることに気づくはずです。

身心を挙して色を見取し、身心を挙して声を聴取するに、したしく会取すれども、鏡にかげを宿すがごとくにあらず、水と月とのごとくにあらず、一方を証するときは、一方はくらし　「正法眼蔵現成公案」

一方に日が当たっていると、片一方は暗し、すなわち光の反対側は陰であり、陰の反対側は光です。一方は光、一方は陰、それぞれ別々であるけれど、それは一つのものです。されど光という時にはそれは光であって陰ではない、陰である時は光とは言わない。けれども、光がなければ陰はないのですから、光と陰は一つのものです。ところが日の当たっている方を好むが、一方の陰は好まないと言えば、明と暗は一つのものと受け取れなくなる。一つのものと受け取れないのは分別心があるからです。

自分の心を、自分の眼を、自分の耳を、ありのままに働かせて見取り、聞き取る。自己流の執着心を捨ててありのままに受けとめれば、存在するものの悉《ことごと》くが、真理が露《あらわ》になったものであることがわかるはずです。真理が露になっていることを、見取り聞き取りできることがさとりです。

迷いの時はさとりでない、迷いをさとりと言わないように、さとりを迷いと言わないけれども、光と陰、明と暗が一つのものであるように、迷いとさとりも一つのものです。

自己を先に立てて万法の真実を明らかにしようとするのが迷いであり、万法の側から自己を照らし出すのがさとりです。仏道を学ぶということは自己を学ぶことであり、身心を脱落せしめるとは、執着心を捨てることです。自己の執着心を捨てることで、ありのままの真理であるさとりが現われる。それを万法に証せらるるという。万法に証せらるるとは、さとらされるということです。何ごとにおいても、執着する心を捨てなければ、悩み苦しみも払拭されず、万法に証せらるることもない。道元禅師はこのように教えられました。
悩みや苦しみも、しょせんは自身の分別心を払拭できないことからの妄想にすぎない。悩み苦しみのあるところ、喜び楽しみがある。悲喜こもごもが人生でしょう。

自己をはこびて万法を修証《しゅしょう》するを迷《まよい》とす、
万法すすみて自己を修証するはさとりなり。
迷いを大悟《たいご》するは諸仏なり、
悟りに大迷《だいめい》なるは衆生なり。　「正法眼蔵現成公案」

仏道をならふといふは自己をならふなり、
自己をならふといふは自己をわするるなり、
自己をわするるといふは、万法に証せらるるなり、
万法に証せらるるといふは、自己の身心、
および佗己の身心をして脱落せしむるなり。　「正法眼蔵現成公案」

身心一如

健康とは、自律神経が順調に働くのを維持することです

人間関係の悩みをかかえている人がとても多いようです。人間関係のプレッシャーから、不安、いらだち、緊張などのストレスにより、心や身体の不調を感じるようになります。人はいつでも気楽に過ごすことができればよいのですが、そうもいきません。人間関係を離れることができないから、悩んで自己を見失い、そのうち苦悩の深穴に転落してしまいます。そこから抜け出せればよろしいのですが、深刻な心身不調を招いてしまうことがあります。そして生活習慣が乱れてくると、戻ることができないほどの深刻なダメージを受けてしまいます。

夜更かしなどによる生活リズムの乱れや深酒や喫煙、不規則な食事などによる自律神経のバランスの乱れも、心や身体の不調につながります。人により症状はさまざまですが、病院で検査をしても臓器や器官に病的な変化が認められないということがあるようです。

ストレスなどの心因が影響して、特定の臓器や器官に異常が現われたり、いらいらや憂鬱感や不安感、集中力や記憶力の低下、倦怠感、食欲不振、不眠などと、全身症状として

現われることがあります。ところが、こういう症状の中にうつ病や神経症が隠れていることがあるので注意しなければなりません。

日常の鬱憤が解消できなくて、愚痴を肴に酒を飲んで憂さを晴らそうとします。ところが、ついつい飲み過ぎてしまいます。はじめ人は酒を飲む、そのうち酒が酒を飲むようになり、そして酒が人を飲むほどに酔いつぶれてしまうと、正気をなくしてしまいます。

カロリーの取り過ぎに注意しなければと、自分に言い聞かせて少しは心掛けようとするのですが、目の前に美味しいお菓子があると、食事の後であってもすぐに手が出て食べ過ぎてしまいます。これも私たちの陥りやすい危険な日常です。ストレスや生活習慣の乱れが心身の不調を招きます。

人は、美味しいものを食べると満足しますが、食べ終えて、美味しかったと感じているだけで、自分の身体のことなど何も考えていません。

少し硬いものであったり、脂っこいものだと消化によくないから、胃に負担がかかります。また夜更かしして空腹から何かを食べてしまう、これも身体に良くない。飲み過ぎも食べ過ぎも、自分の欲が招くことです。けれども、自分の胃にごめんなさいと謝ることなどしません。自分の胃にしっかり消化してくださいとお願いする気持ちがあれば、暴飲暴食などしないでしょう。消化したものを腸が栄養分を吸収して、いらないものを排泄してくれますが、当のご本人は全くそのことを思いやることなどありません。しっかり消化してくれと頼まれることもないけれど、お体様は自らの働きとして消化の務めをはたしてくれています。

　意識しなくても、肺が呼吸をして、酸素を取り込み、炭酸ガスを排出してくれます。さあこれから全力疾走するからとか、急な坂道を登るにつけても、心臓さんしっかり動いてくれよと頼まなくても、心臓はその動きを強めて歩行を助けてくれます。ご主人様の指示がなくても、お体様は胃も腸も、肺も、心臓も、すべての臓器を働かせているのです。人は己の力で生きていると思っているようですが、生かされているのでしょう。

　人体は煩悩の入れ物です。だから、煩悩は尽きることなくどんどん出てくる。一つの煩悩を鎮めても、また次の煩悩が出てくる。欲の尽きることがありません。貪《とん》・瞋《じん》・癡《ち》（むさぼり、いかり、おろかさ）の三毒《さんどく》がさまざまな欲を誘って煩悩の炎を燃え上がらせてしまいます。さらなる欲望が誘い水となって、ストレスを呼び込んだり、生活習慣の乱れをもたらします。自律神経のバランスの乱れが心や身体の不調を招きます。健康とは、自律神経が順調に働くのを維持することでしょう。

自分の意思によらずとも、自律神経の働きによって、胃も腸も、肺も、心臓も、すべての臓器が四六時中休むことなく動いています。だから、生かされているのだということに気づかなければいけないのでしょう。

お体様が自ずからの働きとして自律神経により臓器を働かしてくれます。だから健康に留意して、自律神経が失調しないように、交感神経と副交感神経がバランスよく順調に働く状態を維持しなければなりません。

生活ぶりによっても異なるでしょうが、日常とは、悩み苦しむ迷いの自己と、悩みもなく苦しみもない穏やかな自己とのせめぎ合いの日々です。人は自然体であれば、どんなストレスであっても、柳に風のごとくやり過ごせて、日々生きていけるのですが、しつこく執着するから、自己をゆがんだものにしてしまう。素直な自己であればよいけれど、人間関係でかまえたり、過ぎたことにこだわったりするから、そういうことがいけません。

自律神経が順調に働く最も好ましい状態を、日常に保つことが大切です。坐禅は自己のあらゆる執着心を放下して、束縛から解放された姿勢を保つことから、自律神経の働きにおいては最も好ましい体勢であると言えるでしょう。それで日常修行として、一時の坐禅修行をおすすめします。

お釈迦様は菩提樹の下で坐禅をされていた時に、天空に輝く星々も、地上の山川草木も、ありのままに、そのままに、それぞれの姿が露《あらわ》になっているではないかということに気づかれた。このありのまま、あからさま、露であることが真理の現われであり、真理そのものであることをさとられたのです。

山河大地、草木も瓦礫も、悉《ことごと》くが真理の現われであるから、露であり、隠されているものなど何もない。これがこの世であり、自己も生きとし生けるものも、同じで、真理の現われである。真理が露なる存在が仏である。お釈迦様は菩提樹の下で、この世の真理をおさとりになられました。

坐禅は自己を束縛する姿勢であると思いがちですが、そうではありません。身心一如で、身も心も執着するものが抜け落ちるから、坐禅は自己を解放した自然体であり、平常心（仏心）そのものです。とかく人は日常において自然体でおれないから、自分自身で苦しむ原因をつくり出してしまいます。身心一如だから、いかなる時も自然体でありたいものです。

椅子でも正座でもかまいませんから、坐って、背筋を伸ばし、前にも後ろにも右にも左にも傾かず、姿勢を正して、身体を調えます。そして、出入の息を穏やかにして、呼吸を調えます。身体も呼吸も調えば、眼を半眼にして念想観や心意識を働かさず心を調えます。眼を半眼に開くことで瞑想しないから、自己を見失いません。自己を見失うことがないから、心意識の運転が鎮まれば、分別心や妄想も起こらず、心が自ずから調い、自律神経が順調に働く環境が調います。自律神経の働きが順調であれば、人体の健康が保たれます。身心一如ですから、心身ともに健康が保持されるのです。

身と呼吸と心が調っている時、自律神経の働きは順調です。坐禅を修行していることは自己を解放した自然体であり、平常心（仏心）が保たれるから自己の本性が露になります。たとえ一時の坐禅であっても、心・口・意のすべての働きを仏におまかせして、正しい坐禅を行じる時には、自己も全世界も悉くがさとりとなる。このように道元禅師は正法眼蔵弁道話でお示しです。

もし人、一時なりといふとも、三業《さんごう》に仏印《ぶっちん》を標《ひょう》し、三昧《ざんまい》に端坐《たんざ》するとき、遍法界《へんほっかい》みな仏印となり、尽虚空《じんこくう》尽虚空ことごとくさとりとなる。　「正法眼蔵弁道話」

今ここに
命いただき 生きている
身をつつしみて 欲ばらず
あたたかき　心育み 生きぬかん

ひたすらに
心しずめて 只坐る
人はそのまま　仏なり
あわす手の 我が身なれども ありがたし

生きしもの
尊き命 ささえあい
願いおこして 他を救う
めざめよう 喜びの人生 今に生く

第二章　生き方は、変えられる

時間と存在

　お釈迦様が二十九歳になられた頃、お悩みが最も深刻な状態でした。人はどうして悩み苦しみながら生きていかなければならないのであろうか。人には生老病死のみならずさまざまな悩み苦しみがある、戦争もあり、天変地異の災害もある。この悩み苦しみを脱却できたならば、穏やかな安らかな日々を生きることができる。自分がこの苦悩を克服できたならば、人々の悩み苦しみを救うことができるであろう。その道を求めようと決心されたお釈迦様は、妻子も地位も財産も捨てて出家されました。

　だが、その後のお釈迦様は、さらなる悩み苦しみの日々でした。その悩み苦しみは苦行を重ねるごとに深くなっていきました。お釈迦様の苦行は六年も続きました。痩せこけてあばら骨があらわでした。時には意識がもうろうとする、そういう状態になってしまわれたのです。ナイランジャナー川の畔《ほとり》にたどり着かれた頃には、もう歩けない状態であったと伝えられています。

　幸いにも村の娘さんでスジャータというお方から、乳粥を振る舞われ、しだいに体力を回復していかれました。これまで六年にもわたる自分がしてきた修行の日々はいったい何であったのだろうかと振り返られた時、このような苦行を続けても、けっして悩み苦しみからのがれられない。そう思われたお釈迦様は苦行を止《や》めて、ブッダガヤの大きな菩提樹の下で坐禅に入られました。

坐禅を続けておられたお釈迦様は、夜が明け始めた東の空を仰がれました。そこには明星が輝いていました。夜の明けるのにともない、小鳥たちが一斉にさえずり始めました。周りの木々のざわめきも、天空の雲の動きも、吹き抜ける風も心地よい。これまでに感じたことのない感動と、喜びの気持ちがお釈迦様の全身にみなぎっていたのです。

「我と大地有情《うじょう》と同時成道《じょうどう》す。」お釈迦様は心の叫びを発せられた。この感動がお釈迦様のおさとりでした。草木国土悉皆成仏《しつかいじょうぶつ》。天空の星々、山川草木、生きとし生けるもの、現前のすべての存在は真理が露《あらわ》になったものである。一切衆生悉有仏性《しつうぶっしょう》。過去、現在、未来、いつでも、仏性は現《あら》われている。その真実の有《あ》り体《てい》を、そのままに受けとめられ、お釈迦様は真理と一つになられたのです。

釈迦牟尼仏大和尚、菩提樹下にあって金剛座に坐し、明星を見て悟道して云く、
明星出現の時、我と大地有情と同時成道すと。　「永平広録」

三法印《さんぼういん》

この世に存在するもの悉《ことごと》くが諸法《しょほう》です。そのすべての存在は、ありのままに真実の道理を露《あらわ》にしている。その有《あ》り体《てい》が実相《じっそう》です。お釈迦様は諸法実相をおさとりになられたのです。このさとりは過去七仏すなわち、お釈迦様がお生まれになる以前の諸仏のさとりと同じであり、三世諸仏《さんぜしょぶつ》とともに成道《じょうどう》されたのです。

自然《じねん》に存在するもの悉くが真理の現われであり、真理は露である。ところが、人はこの事実に気がつかないようです。それは、その事実を受けとめようとする姿勢を欠いているからかもしれません。

「生《しょう》を明《あき》らめ、死《し》を明らむるは仏家一大事《ぶつけいちだいじ》の因縁《いんねん》なり」という文言で修証義《しゅしょうぎ》が始まりますが、生きるとは、死ぬとはどういうことであるかを究明しましょうということです。それは、真理すなわちお釈迦様のおさとりについて知るということにほかなりません。

この世に存在するもの諸法は、悉くが真理の現われである。その有り体が実相です。お釈迦様は諸法実相をおさとりになられたのです。諸法実相とは諸行無常《しょぎょうむじょう》、諸法無我《しょほうむが》、涅槃寂静《ねはんじゃくじょう》です。

諸行無常《しょぎょうむじょう》　止《とど》まることなく、移り変わりゆくのが、この世なり

この世とは、狭い範囲では住んでいる地域とか国でしょうが、視野を広げると、それは世界であり、お釈迦様のおさとりは天地宇宙を指し示しておられるから、地球であり、宇宙をいうのでしょう。膨張しているという宇宙がこの世です。

膨張しているという宇宙が只今です。だから過去とは宇宙の始まりから今までであり、未来とは宇宙に終わりがあるとするならば、その終焉までです。

膨張している宇宙が時間であり、膨張している宇宙が存在です。この時間と存在が真理であり、真理が露《あらわ》なるものをお釈迦様は仏と言われた。時間が仏であり、存在が仏です。

広大無辺の宇宙に地球が存在しており、私たちはその地球に今、生きています。

日は東より昇り西に沈み、月は満ち欠けして時は過ぎゆきます。潮は満ち引きし、季節は移り変わる。水は高きところより低きに流れ、雲は動き、気象は変化する。人は生老病死、植物は芽が出て生長し花を咲かせて実り枯れていく。時間と存在の悉《ことごと》くが仏です。

諸行とは膨張している宇宙という時間であり存在ですから、この世の悉くが同じ姿を止めているというものは何一つとしてありません。すべてが移り変わりゆくものばかりで無常です。すなわち諸行無常なりと、お釈迦様は教えられました。

諸法無我《しょほうむが》　悉《ことごと》くつながり、そして生滅しているのが、この世なり

宇宙のことについては、人間の知識能力をもってしてもわからないことばかりです。膨張して止《や》むことがない宇宙は、始まりがあるから終わりがあるのかもしれませんが、終わりがないという説もあるようです。宇宙科学研究により、時間と存在のつながりにおいて宇宙空間があり、星々は生滅を繰り返しているということがわかってきました。

地球は宇宙のオアシスです。山川草木、生きとし生けるもの、さまざまなものが共に存在して、共に生きている。私たちはこの地球に生まれ、今生きています。

この世に存在するものは、何もかもがつながっています。何一つとして、それのみで存在しているものなどありません。そのつながりにおいて、生まれ、つながりがなくなれば滅する。一切のものは種々の原因と条件のもとで（縁起により）成立しています。

食物連鎖は命のつながりです。生き物である有機物は、無機物ともつながっています。つながりによって生じたものは、つながりがなくなると滅していきます。このつながりが縁起で、縁起のもとに生滅があります。縁起のもとに生まれ、縁起のもとに死にます。雄と雌、男と女の出会いにより子が生まれる。子を産み育てれば親は死んでいきます。

私たちの身体は大人では五十～六十兆個という数の細胞により成り立っていますが、一

呼吸する間にも古い細胞が死んで新しい細胞が生まれ、新陳代謝しています。古い細胞が死ぬことで新しい細胞が生まれるという現象は縁起にもとづく生き物の姿です。

つながりには原因があれば結果がある。因果にもとづいています。それに縁がからんでいる。縁が満ちることで出会いがあり、男と女はパートナーになる。けれども、二人を取りもつ絆という縁が綻びをみせると、やがて別れがおとずれます。

植物は種が発芽し、生長して花を咲かせて実を結びます。良き種を蒔けば良き子孫である実を結ぶ。悪い種を蒔けば実りも良くない。けれども、たとえ悪い種であってもよく耕し肥を施し水をやり、しっかり育ててやると、その縁により良き実りをもたらします。善因善果です。だが良き種を蒔いても、ほったらかしでは実りが悪い、悪因悪果です。因果応報ですから、悉《ことごと》くが因果にもとづいて生まれ、そして滅します。

悉くがつながりにおいて存在していることから、存在しているということは、この世に必要だからであり、不必要なものは存在していないということでしょう。すなわち山や川、生きとし生けるもの、あなたも私もこの世に必要だから生まれてきて、必要だから今、生きている。不必要になれば死んでいくのでしょう。縁起のもとに生じて、縁起のもとに滅していく、すなわち諸法無我なりと、お釈迦様は教えられました。

涅槃寂静《ねはんじやくじよう》　真実があからさまに現われたるところ、それがこの世なり

膨張する宇宙が時間であり、膨張する宇宙が存在です。その時間と存在が真理です。仏とは、真理が露《あらわ》になったもののことで、宇宙の存在の悉《ことごと》くが仏です。それは星々であり地球です。山川草木です。鳥も魚も、私たち人も、自然に存在するもの悉くが仏です。

一切衆生悉有仏性《しつうぶつしよう》。仏性とは宇宙の始まりから宇宙の終焉まで変わらない真理のことです。存在するもの悉くが仏性です。

星々も山川草木も、鳥も魚も人も、すべての存在は仏性が露になったものばかりであり、悉くが仏である。お釈迦様は現前するすべてのものが、そのまま真理の現われであると言われました。

「我と大地有情《うじよう》と同時成道《じようどう》す。」同時とはいつでもということで、過去、現在、未来、いつでも、草木国土悉皆成仏《しつかいじようぶつ》。悉くが真理の輝きを放っていることにお釈迦様は感動されました。これがお釈迦様のおさとりだと伝えられています。

お釈迦様のおさとりのことを、般若心経には阿耨多羅三藐三菩提《あのくたらさんみやくさんぼだい》（無上正等正覚《むじようしようとうしようがく》）とあらわされています。最高のさとりということです。人の認識や思慮のおよぶべきものでないから、人間の尺度ではかることなどできないということでしょう。

真理そのものであるから、増えることも減ることも、生まれることも滅することも、汚れているとか汚れていないということもない。存在の有無すらも問わないから、すなわち色は空であり、空は色です。悩みもなく苦しみもない。欲がないから煩悩もない。迷いとかさとりとかの別もない。

目覚めたるものには執着心がないから心を束縛しない。束縛がないから恐怖がない。あらゆるものをさかさまに見たり、ないことをあると思ったりしない。般若心経ではこのように説かれています。

涅槃とは煩悩の炎の吹き消されたさとりの境地で、悩みも苦しみもなく、心静かで安らかであるということです。この世とは涅槃寂静であると、お釈迦様は教えられました。

現前に存在するものすべては、仏性が露になったもので、真理の現われであるから、悉くが仏であり、真理の満ちたる涅槃寂静の世界です。ところが、この世は自分の意のままにならない苦の世界だと思っているから、そのように受け取れないのが凡夫です。

人も、仏性の現われ、真理が露になった存在であるから仏ですが、貪欲による煩悩のために生まれながらにそなわっている仏性が隠れてしまうことがある。のみならず、人は涅槃寂静の世に生きていることさえ知ろうとせず、悩み苦しみを自分で招いているようです。

仏性というエネルギー

ローソクは燈火用のものです。蝋という燃える物質があり、それにマッチやライターで火を熾しローソクにその火を移すとローソクは燃える。蝋という燃える物質が尽きるまで燃え続けます。マッチやライターは、それを発火させる力を加えれば燃えます。燃える物質であっても、発火するパワーの働きかけがなければ燃えません。また、燃える性格を持った物質が存在していても、酸素や、そして燃える条件が整わなければ燃焼しません。ローソクは燃えなければ灯明になりません。燃えるという性質がもとよりそなわっているけれども、発火させる力が加わらなければローソクは燃焼して光を放たないのです。

電灯も同じことで、白熱球もあれば蛍光灯、LEDまでありますが、そこに電流が通じなければ光を放つことはありません。電流が通じている限り電球は光を放っています。

太陽が燃えているから、そのエネルギーが地球に届き、私たちは日光という明るさと熱という暖かさを感じます。そして地球の自転や引力などさまざまな要素が重なって気圧の差が生じ、大気が動き、気象が変化します。大気の動きで電気現象が発生し、雷が起こります。稲光や音を発する雷は、空中に存在するプラスとマイナスの電子がぶつかり合うことで生じます。地球の地下深きところの物質に重力が作用して高温となり、地球の中核として高熱のマグマが存在しています。そのエネルギーが地殻を動かし大地の隆起や陥没を、また地震を引き起こします。その地震の揺れが海水を動かすと津波が発生します。

お釈迦様の生きられた二千五百年前では、こうした自然の現象はまだ科学的に解明されていませんでした。

膨張している宇宙が時間であり存在です。この時間と存在が真理であり、真理の現われが仏性です。仏性とは宇宙の始まりから、宇宙に終わりがあるならば、その終焉に至るまで変わらない真理のことです。

お釈迦様は明星の輝きを目にされた時、自然のありさまがそのままに、仏性の発露であると気づかれました。一切衆生すなわち、存在するものは悉《ことごと》くが仏性である。現前のすべてのものが仏すなわち真理の現われである。天上の星々も、山川草木も生きとし生けるものすべてが仏である。これがお釈迦様のおさとりです。

天の星々も地上の山川草木も、この世に存在するものは、仏性が露《あらわ》になったもので、過去、現在、未来のいつでも、悉くが仏です。ですから、人も生まれながらに仏であるということです。

仏性の完全燃焼がさとり、不完全燃焼は迷い

仏性とは燃えて光を放つエネルギーのようなものであるとすれば、仏性が露《あらわ》になっていることを、仏性が完全燃焼していることに喩えれば、仏性が完全燃焼しているのがさとりであり、さとれしものが仏です。そして完全燃焼させることが修行です。もし不完全燃焼であれば、それは煩悩が燃えているからで、それは迷いです。

エネルギーとは物体が仕事をなしうる力の量のことで、精力、元気、活動力そのものです。雑じりけのないのが仏性というエネルギーですが、時には不完全燃焼してしまうことがあります。それは貪欲という不純物によるからです。

貪欲が煩悩となり、煩悩が盛んに燃え上がると冷静さを失ってしまい、悪くすると悩み苦しみのるつぼに転落してしまう。もしその程度が深ければ、なかなかそこから抜け出せなくなってしまい、深刻な悩みが長く続くと身心の疾患を誘発してしまいます。貪欲が仏性を不完全燃焼させてしまうのです。煩悩が燃え上がり仏性が不完全燃焼するから人は迷い、悩み苦しみに陥ることになる。

欲は煩悩の炎となり、悩み苦しみをもたらすことになるけれど、生きる力を生み出すもとにもなるから、欲は諸刃の剣のようなものかもしれません。それで欲は全く悪いもので

ないけれど、度が過ぎると悪業《あくごう》となる。業とは生きざまが身につきしたがうことですから、悪行が己の身につくと悪業となる。それで悪業とならぬように、善業《ぜんごう》を身につけようと心掛け励むことが精進《しょうじん》でしょう。

仏性とは、本来は無垢清浄の純度百パーセントですから不染汚《ふぜんな》のエネルギーです。ところが不染汚を保持することがむつかしくて、貪欲が頭をもち上げてくると、仏性が不完全燃焼してしまいます。不染汚を保持する修行がなされているところ、仏性は発露している。これを道元禅師は「不染汚の修証」と言われました。

人には不染汚の仏性がそなわっていますから、人は生まれながらに仏である。ところが仏性というエネルギーが完全燃焼しなければ、仏性が発露しないから、光明である自己の命は輝きません。一切衆生悉有仏性《しつうぶっしょう》。すなわち、森羅万象は悉く《ことごと》仏性であるということです。仏性が発露しているものが仏ですから、人も生まれながらに仏です。ですから、怠ることなく光明である自己の命を輝かせましょうということです。

「正法眼蔵仏性」

正当恁麼時《しょうとういんもじ》は、衆生の内外すなわち仏性《ぶっしょう》の悉有なり。すなわち悉有《しつう》は仏性なり、悉有の一悉《いっしつ》を衆生という。あるいは衆生《しゅじょう》といい、有情《うじょう》といい、群生《ぐんじょう》といい、群類《ぐんるい》というは、衆生なり、群有《ぐんう》なり。

直指人身見性成仏《じきしにんしんけんしょうじょうぶつ》

菩提樹下で坐禅を続けられたお釈迦様は、現前するすべての存在も、坐禅のご自身も、みな悉《ことごと》くが真理のそなわった仏性そのものであることをさとられました。

坐禅をなさっているお釈迦様も、天上の星々も、地上の山川草木も、生きとし生ける有情のものも、悉くが仏性です。悉く仏性が露《あらわ》であり、真理が現われている。

お釈迦様は「我と大地有情と同時成道《じょうどう》す。」草木国土悉皆成仏《しつかいじょうぶつ》。すなわち悉《ことごと》くが仏性の発露した仏であることをさとられたのです。

坐禅は仏性をさらけ出すことですから、坐禅はそのままが真理の発露です。坐禅されているお釈迦様は坐禅になりきっておられたから、お釈迦様が坐禅なのか、坐禅がお釈迦様なのか見分けがつかない。それがさとりの現成《げんじょう》であり、仏に成るということでしょう。

さとりはさとり、坐禅は坐禅ですが、坐禅するところ、それがそのままさとりであるから、お釈迦様の坐禅がさとりであり、お釈迦様のさとりが坐禅です。

このことを喩えるならば、真っ白な雪の平原にいる白鷺は、雪も白鷺も白くて見分けがつきにくい、けれども、真っ白な雪の平原があり、そこに白鷺がいるということです。

また、闇夜である漆黒の崑崙《こんろん》砂漠に、真っ黒な玉が飛んでいるとしても、闇の中では黒い玉を見定めることができない。けれども闇の中を黒い玉が飛んでいるのは事実です。

「人は生まれながらに仏であるという。ならば、どうして修行しなければならないのか」。これが比叡山での修行の日々における道元禅師の疑問でした。この疑問は中国の如浄《にょじょう》禅師のもとで、身心脱落、脱落身心を覚醒されたことで払拭されました。

坐禅はそなわった仏性の発露です。ですから坐禅は仏性現成です。坐禅はさとりの手段ではない。したがって坐禅を修行することがそのままさとり（証）であり、さとりとは坐禅を修行することです。道元禅師はこのことを「修証《しゅしょう》これ一等《いっとう》なり」と言われました。

身心脱落、脱落身心とはこのことであると、お釈迦様とそっくりそのままの無上正等《むじょうしょうとう》正覚《しょうがく》を道元禅師もご自分の身の上に実現されたのでした。

いま仏道にいう一切衆生は、有心者《うしんしゃ》みな衆生なり。心是《しんぜ》衆生なるがゆえに。無心者おなじく衆生なるべし、衆生是心《ぜしん》なるがゆえに。しかあれば、心みなこれ衆生なり、衆生みなこれ有仏性《うぶつしょう》なり。草木国土これ心なり、心なるがゆえに衆生なり、衆生なるがゆえに有仏性なり。日月星辰《にちがつしょうしん》これ心なり、心なるがゆえに衆生なり、衆生なるがゆえに有仏性なり。　「正法眼蔵仏性」

本来無一物《ほんらいむいちもつ》

大満弘忍《だいまんこうにん》禅師の教えを受ける門下の修行僧が七百人いたと言われています。ある時、弘忍禅師が修行僧を集めて、「誰かに自分の禅法を嗣《つ》がせたいと思うので、誰でもよいから自分のさとった心境を禅の心をうたった詩で示しなさい、意に適ったならば、第六祖の証明（印可）を与えよう」と告げられました。

高弟の一人に神秀《じんしゅう》がいました。神秀は誰もが認める徳望の高い人でした。神秀は自分のさとりの心境を禅の心をうたった詩にして弘忍禅師が通る廊下に貼りました。

身是菩提樹　心如明鏡台　身はこれ菩提樹、心は明鏡台の如し

時時勤払拭　莫使惹塵埃　時々に勤めて払拭せよ、塵埃《じんあい》をして惹《ひか》しむることなかれ

この身はさとりを宿す樹のごときもので、心は本来清浄で明鏡のようなものだから、常に煩悩の塵を払ったり拭いたりして、汚れぬよう修行を怠ってはならぬ。神秀は綿密な修行によりさとりを得るとして、修行の大切さをうたいあげました。

弘忍禅師の教えを受ける修行僧の一人に慧能《えのう》がいました。慧能は、精米を受け持つことを修行として励んでいました。

神秀のさとりの心境である禅の心をうたった詩を見た弘忍禅師の門下の僧は、誰もがそれをたたえました。ところが慧能は神秀の詩は真実をついているけれど、まだ十分ではないと、自分の心境を神秀の詩と同じ韻を用いて詩をつくり神秀の詩のそばに貼りました。

菩提本無樹　明鏡亦非台　菩提本樹無し、明鏡も亦台に非ず
本来無一物　何処惹塵埃　本来無一物《ほんらいむいちもつ》、いずれの処にか塵埃《じんあい》を惹《ひか》ん

神秀は身は菩提樹と、心は明鏡というけれど、菩提もなければ煩悩もなく、本来無一物だ、だから塵や垢のつくこともない、それで払ったり拭ったりする必要もないと、慧能はさとりの心境をこのように明らかにしました。

多くの修行僧は、この慧能の詩を見て、禅の奥義をいい表していると驚いて感動しました。ところが弘忍禅師は「まだだめである」と言って消してしまわれました。

一同はこれで納得して騒ぎは静まりました。しかし、その夜に弘忍禅師は慧能に正法を伝授され、慧能は六祖となられたのです。一同が嫉妬するかもしれないから、弘忍禅師は夜ひそかに慧能を南方へのがれさせせました。

修行を積み上げていく神秀の教風は北宗禅と呼ばれた。北宗禅は煩悩とさとりの対立的存在を仮定して、迷いを徐々に払拭して本来のさとりに達する漸悟《ぜんご》です。

慧能の「本来無一物」は、本来執着すべきものは一物も存在しない「絶対無」の世界だから、相対的認識による執着心や分別心を払拭することもなく、修行がなされている、そのことが本来のさとりそのままである。慧能の南宗禅は頓悟《とんご》と言われました。

中国禅初祖の達磨大師から六代目の慧能は五祖弘忍の法を嗣《つ》いで六祖と呼ばれた。中国禅は達磨大師から、慧可《えか》、僧璨《そうさん》、道信《どうしん》と伝えられ五祖弘忍の門下から神秀と慧能が出て、それぞれ北宗禅、南宗禅の祖とされました。

禅の修行とは日常の断えざる努力の積み重ねです。修行とさとりは一つのものだから、修行がさとりであり、さとりとは、すなわち修行そのものです。正法眼蔵涅槃妙心《しょうぼうげんぞうねはんみょうしん》、すなわち真理そのものを自分自身の上に実現することが、仏法の根本ということでしょう。すべての事物は本来「空」「無」だから執着する何ものもなく「本来無一物」です。それは般若心経では無罣礙《むけーげー》と表されており、自性清浄心であるから不染汚《ふぜんな》ということです。

お釈迦様の正法が慧能禅師の「本来無一物」の教えとして表され、慧能禅師の法はやがて如浄《にょじょう》禅師へ、そして道元禅師により日本に伝えられました。

修証これ一等なり

南嶽懐譲《なんがくえじょう》禅師は六祖慧能禅師の法を嗣《つ》がれました。その南嶽懐譲禅師のもとで修行していた馬祖道一《ばそどういち》に、南嶽が「坐禅をして何とする」と問うた。馬祖は「成仏しようと思う」と答えた。すると、南嶽は瓦を一枚持ってきて磨き出した。

そこで馬祖は「瓦を磨いてどうされるのか」と問いました。南嶽は「瓦を磨いて鏡となす」と答えたので、馬祖は「瓦を磨いても鏡にならず」と問い返すと、南嶽はすかさず「坐禅して仏となるのか」と言い放ちました。「瓦を磨いて鏡となす」も、「坐禅して仏となる」というのも、ともに執着する心のあらわれです。馬祖には坐禅してさとりを得ようとする心があった、けれども南嶽はその心をへし折ってしまわれました。

「瓦を磨く」とは修行であり、「鏡となす」とはさとる、成仏するということです。そもそも坐禅修行をしておることが、さとりそのものであるから、瓦を磨き続ける、すなわち坐禅修行を続けるところに、鏡すなわち、さとりが現成しているということです。

凡夫が坐禅をしていると、どうしても執着する意識がついてまわる。それは坐禅をすれば何か良いことでもありそうに思えるからです。だがさとりを得ようと思って坐禅をしても、いっこうにさとりを獲得できません。それもそのはず、坐禅（修行）とはさとりへの手段でなく、坐禅（修行）そのものがさとりであるからです。迷いの根本は執着する心があるからで、人間は何かを得ようと思ってのぼせてしまい、坐禅をさとりの手段であると妄想してしまうようです。

道元禅師は坐禅を「修」さとりを「証」と表されました。坐禅を行ずることは修行であり、そのままが証である。これを「修証《しゅしょう》これ一等《いっとう》なり」と教えられました。修行していることがそのまま証《さとり》であるから「証に始めなく、修行に終わり無し」です。

道元禅師の普勧坐禅儀《ふかんざぜんぎ》に「身心自然《じねん》に脱落《だつらく》し、本来の面目現前《めんもくげんぜん》せん」とあります。本来の面目とは自己に本来そなわりし自性清浄心（仏心）です。身心脱落とは、捨て果てること、放下著《ほうげじゃく》すれば本来の面目は現前せり、脱落身心、すなわち無一物なりということです。

修行と証を分けて考えることは誤りである。修行が証、修行のほかに証なし。修行により証が実現（現成）するとは、只管《しかん》に打坐することで、そのままが証の現成です。このように道元禅師は只管《しかん》打坐とは修証一等《しゅしょういっとう》なりと教えられました。

この法は、人人の分上に豊かにそなわれりといえども、いまだ修せざるにはあらわれず、証せざるにはうることなし、はなてばてにみてり、一多のきわならんや、かたればくちにみつ、縦横きわまりなし。　「正法眼蔵弁道話」

歩歩是道場《ほほこれどうじょう》

坐禅を修行するところ、そこに証《さとり》がある、修行と証は一つのものである。修行がそのまま証である。行がそのまま仏法であるから、料理するのも掃除も、洗面、入浴、喫茶喫飯も、悉《ことごと》くが修行であり、証である。何ごとにつけても邪念を払拭して、そのものになりきって、それを修行することがそのまま証であるということでしょう。

歩歩是道場と言いますが、日常が一歩一歩の仏道修行だから日常の何ごとにつけても、どういう仕事に従事していても、日々が修行です。日常が仏道修行の道場だから、いかなる仕事場であっても、その仕事が修行であり、その仕事を勤め続けることがそのまま証に通じるということでしょう。

迷い苦悩しながらの現実であっても、迷い苦悩していることが、そのまま真理と表裏をなしているから、日々の生活ぶりが仏道修行ということです。

愚かで魯鈍《ろどん》のごとくであっても、ただひたすらに、修行を続けるところ、主中の主すなわち、修行の主人公であり、証の主人公であり続けるということでしょう。

潜行密用《せんこうみつよう》は愚《ぐ》の如く魯《ろ》の如し、只能《よ》く相続《そうぞく》するを主中《しゅちゅう》の主と名づく　「宝鏡三昧」

修証これ一等なり

お釈迦様の生き方は、おさとりになられてから大きく変わっていきました。苦行の六年間とは全く異なる生き方が始まりました。修行と証《さとり》は一つのものであるから、さとりを日々に実践する生き方です。すなわち、日常がさとりを修行する日々となりました。

さとりは法（真実の道理）として説かれました。お釈迦様の説かれた法をよりどころとして、お釈迦様と生活を共にする修行者がしだいに増えていきました。すなわち僧が一箇所で生活し修行する集団である僧伽《そうぎゃ》ができていったのです。

僧のみならず悩み苦しむ人々が、お釈迦様のところに来るようになりました。どうすれば悩み苦しみからのがれられて、安楽な生き方ができるようになるのでしょうか。今の苦しみからのがれられないならば、いっそ死んでしまえば楽になるのだが、死にきれない。悩みを克服して、どうすれば生きていこうという気持ちになれるのか。多くの人々が悩み苦しみからの脱却の道を求めて、お釈迦様のところに来られたのです。

おさとりになられた三十五歳の時から、八十歳で亡くなられるまで、お釈迦様はさとりを修行する日々が続きました。そして亡くなられるその間際まで、人々の苦悩に寄り添い、そして四衆への説法を続けられました。二千五百年を経た今日でも、お釈迦様と同じ生き方をされている人々によって、お釈迦様の教えは生き生きとして伝えられ、その教えによって、多くの人々が悩み苦しみから救われています。

お釈迦様の没後千七百年を経た当時の日本には、比叡山に延暦寺という素晴らしい修行道場が開設されていました。幼少にしてご両親を亡くされた道元禅師は比叡山延暦寺に上山され、十三歳で得度して仏門にお入りになられました。

道元禅師は比叡山でのご修行において、どうしても解けない疑問が生まれていました。それは、お釈迦様成道のおり悉有仏性《しつうぶっしょう》そして、悉皆成仏《しつかいじょうぶつ》と教えられたことです。

人には仏性がそなわっており、生まれながらに仏であるという。仏であるのならば、どうして修行しなければならないのであろうか。仏として生まれてきたのであれば、そのまま仏であるから、修行しなくても仏である。なぜ修行をしなければならないのか。その意味が理解できなかったのです。

そのことに答えてくださるであろう建仁寺の栄西禅師はすでにこの世にいらっしゃらない。けれども、比叡山を下りられた道元禅師は建仁寺に入門され、明全和尚のもとで修行を続けられました。

修行の導きをしてくださる明全和尚が、中国に行かれることになったので、道元禅師も明全和尚について海を渡ることになりました。そして、如浄《にょじょう》禅師に出会うことができたのです。如浄禅師のもとで、身心脱落、脱落身心のさとりを体得され、かねてよりの疑問である「仏がどうして修行をするのか」の疑問が解けたのでした。

人には仏性という本来の面目がそなわっているから、仏性が現われ出る生き方をすればよい、その生き方が修行です。自己を仏として生かしていく、その修行がそのままさとりであり、さとりを修行することである。このことを覚知され、疑問が解けたのです。

人は本来仏であるが、煩悩が仏らしくない自分にしてしまうようです。したがって常に煩悩の炎を滅除しなければ、次々と煩悩の炎が燃え上がってしまいます。煩悩の炎が燃え上がらぬように心配りを絶やさない。仏性保持、それが日常の修行という生き方でしょう。

修行はそのままがさとりで、さとりがそのまま修行です。「修証《しゅしょう》これ一等《いっとう》なり」、さとりと修行は一つのものである。このことが理解できたから、道元禅師は疑問を解くことができたのです。

仏性の道理は、仏性は成仏よりさきに具足せるにあらず、成仏よりのちに具足するなり。仏性かならず成仏と同参するなり。　「正法眼蔵仏性」

達磨《だるま》大師がインドから中国に渡られた。中国に来られた達磨大師は習禅者だと言われた。習禅とは、坐禅をさとりの手段として、坐禅修行を積み重ねていくことでさとりに至る。坐禅はさとりに至る手段であり、さとりへの経路であると、当寺の中国の人々はそのように受けとめていたようです。これが習禅であり、達磨大師も習禅者だとみなされました。

坐禅は習禅に非ずで、坐禅修行がそのままさとり（証）であり、「修証これ一等なり」とする正伝の仏法を達磨大師は中国にお伝えになられたのです。

達磨大師が中国に入られた頃は、中国では仏教が各地に広まり、寺院が建立され、多くの僧侶が修行していました。仏教が盛んであったけれど、正伝の仏法はなかったのです。

達磨大師が来られたことによって、中国にお釈迦様の本当の教えが根付くことになりました。そしてその法は受け嗣がれ、如浄《にょじょう》禅師に出会われたことで、道元禅師もお釈迦様と同じさとりを体得されたのでした。

それ修証《しゅしょう》はひとつにあらずとおもえる、すなわち外道《げどう》の見なり。仏法には修証これ一等なり。いまも証上の修なるゆえに、初心の弁道すなわち本証の全体なり。「正法眼蔵弁道話」

坐禅は習禅にあらず、唯是れ安楽の法門なり。菩提を究尽《ぐうじん》するの修証《しゅしょう》なり。「普勧坐禅儀」

生き方は変えられる

鳥は飛び方を、魚は泳ぎ方を変えられない、でも人は生き方を変えられる

お釈迦様は六年もの長きにわたる難行苦行の果てに、悩み苦しみの極限に至られた。そして悩み苦しみをそのままに受けとめて菩提樹下で坐禅に入られました。やがて夜の闇が明けんとする十二月八日の黎明に、明星の輝きをご覧になった。その時、天と地と生きとし生ける一切のものと、お釈迦様ご自身も、悉くが真理の輝きを放っていることをさとられたのです。

そのさとりはサンスクリット語の音写で、阿耨多羅三藐三菩提《あのくたらさんみやくさんぼだい》（この上ない正しいさとり）と訳されています。お釈迦様のこのさとりが二千五百年の時を経て受け継がれてきた。これを自分自身の上に実現して生き方とすることが、仏教の目的です。

さとりの実践、それはお釈迦様の坐禅、すなわち、ただひたすらに坐ることだと道元禅師は教えられた。自己を先に立てて万法の真実を明らかにしようとすれば迷いとなり、万法の側から自己を照らし出されればさとりとなる。万法に証せらるるとは、さとらされるということで、自己の執着心を放下《ほうげ》しなければ万法に証せらるることはないということです。

仏道を学ぶということは、自己を学ぶことで、心身を脱落せしめるとは、万法と自己とが一体となることであり、それが万法に証せらるることだと道元禅師は言われました。

自意識の働きを止めて万法と一つになるから、坐禅は修行であり、さとりです。さとりの実践が只管打坐《しかんたざ》です。姿勢を正して、しっかりと大地に自分の身を調え、息を調え、心を調えよ、お釈迦様は良く調えし我が身こそ仏なりと言われました。

混迷の時代を生きぬくためには、世相に翻弄されず、本当のところを見失わないように眼を見開くべきです。自身の仏心を呼び覚まさずして、他に幸せを探し求めても、空虚なものを追いかけているにすぎません。自分自身の仏心を呼び覚まそうと努力するところに、人生は楽しいものとなるでしょう。

人の一生は夢のごとき儚いものです、毎日が初めての今日、初めての私だから、いつでも今が出発点です。真実を求めようと努力する生き方こそが、目覚めです。この上もなき幸せとは、この努力を続けることです。人生、一生修行であり、修行こそがさとりすなわち目覚めです。目覚めようとする心を発すか否かが、人生の幸不幸の分岐点となります。

人は何のために生まれてきて、何のために生きているのだろうか、執着による迷いの人生から、生き甲斐が感じられる人生へと転換したいものです。今日の私は昨日の私でない、明日の私といってもすぐに今の私になり、過去の私になる。だから過去や未来にこだわらず、今の私を生きるべきです。自分を変えること、自己の人格を向上させることが混迷の時代を生きぬく力となるでしょう。

ストレスは身体の疲労や精神的な圧迫感によって体内に起こる歪みです。現代人は職場でも、学校でも地域社会でも、家庭においても、日々何らかのストレスを感じています。また、私たちは自我の欲望のおもむくままに利己的な生き方をしているから、悩み苦しみを自分自身でつくってしまい、それがストレスの原因にもなっているようです。

人には利己的な生き方をしてしまう根源である、貪瞋癡《とんじんち》（むさぼり、いかり、おろかさ）の三毒《さんどく》の心があり、この三毒の心が働くから煩悩が生じます。次々と湧いてくる煩悩こそがストレスの原因です。三毒の心のおもむくままに勝手気ままな自分本位の生き方をして、そのために自分で悩み苦しんでいるのが凡夫の姿でしょう。

社会生活をしている限り、日常的にストレスからのがれることはできません。ストレスが原因で精神的な不安や悩みをかかえて日々生活をしています。ストレスにつながらない強靱な精神状態を保てればよろしいが、なかなかそうもいきません。ストレスが解消されないと、精神的な不安や悩みはさらに深刻なものになり、身体まで壊してしまい、悪くすると家庭崩壊や人生の破滅につながります。

　ストレスを解消できればよろしいが、なかなかそうもいかないから、欲望のおもむくままに生きるのか、仏心を呼び覚まして生きるのかが、ストレス社会を生きぬく幸せの分かれ目のようです。この迷いの世界で目覚めた生き方をすることが仏教の目的でしょう。

　人はストレスを感じて日々生活をしています。少し時間があれば、坐禅のように足が組めなくても、正座でも椅子でもいいですから、五分でも十分でも静かに坐って、背筋を伸ばして姿勢を正し、肩の力を抜き、呼吸を調える。お腹の底からゆっくり吐き出す呼吸法でリラックスする。いつでもどこでも、坐るという一時を持つことをおすすめします。

　今日一日の始まりに気分を一新しましょう。毎朝一番に、背筋伸ばして姿勢を正し、肩の力を抜き、ゆっくりと息を数回吐く。朝一番の心の体操で今日一日が安らかになります。

　ストレスを感じても蓄積しない生き方をする、これがストレス社会を生きぬく術でしょう。鳥は飛び方を、魚は泳ぎ方を変えられない、でも、人間は生き方を変えることができるでしょう。


学道の人は、後日を待って行道せんと思ふことなかれ。

只、今日今時を過ごさずして、日日時時を勤むべき也。　「正法眼蔵随聞記」

さとりを実践する

日本の高齢化スピードは先進国の中で最も早く、超高齢社会になりました。不老長寿の願いはますます高まっています。けれども六十五歳を過ぎると、高血圧の薬を飲んでいる人も多くなり、筋肉が衰えて、つまずいたり転んだり、喉をつまらせたり咳き込んだりします。また記憶力や思考能力が低下したと感じることがあります。それで自分は健康で長生きできるだろうか、などと、ふと思うようです。身体が不自由であったり、認知症であれば、他の人の助けがなければ日常の生活ができません。だから健康で長生き、すなわち健全な老化が人々の願いです。

身体が健康でなければ心も健康でない。精神的に深刻な苦悩が続くと肉体的にも病んでしまいます。身心一如ですから、身体も心も健康であり、生き生きとして、生き甲斐を感じて日々生活ができる状態が持続できれば、健全な老化が期待できるでしょう。

どうすれば、心身の健康が保てるのか、生き甲斐を感じて生きていけるのでしょうか。

健康で長生きできる生き方として、これまで言われてきたのは、病気につながる数値を適正にしていくために、生活習慣を改善することでした。ところが最近では生活習慣の改善に加えて、社会参加をすることが健康で長生きにつながると言われるようになりました。

健康で長生きのコツとして、積極的な社会参加が長生きとどう関わっているのかということについて、内外の研究者がさまざまなことを指摘しています。たとえば、外出して交流を深めることや外食をする、家族のための家事仕事などの活動的な仕事をする。これらはスポーツジムなどでの運動よりも長生きに役立っているということも、その一つです。

生老病死を苦しみととらえれば、何ごとも苦しみばかりと受け取るようになり、死はすべての終わりだと思ってしまいます。けれども、生老病死は自然なことであり、それを喜びととらえれば、何ごとにつけてもプラス思考が働き、感性も豊かになり、向上心を鼓舞するから、死を成熟の完成ととらえ、生き生きと生き甲斐を感じて日々を生きていこうと思うようになります。死を成熟の完成だとすれば、人格の向上に努めるでしょう。そのためには生活習慣の改善に加えて、社会参加をすることで健全老化を目指そうとするでしょう。そして、生まれてきたことを喜び、過ぎ去ったことにとらわれないで、されど未来はわからないから、今をより良く生きようとします。

さらには、この世は共生の世界ですから自己中心の生き方から、他を幸せにする慈悲行の願いに生きることにより、自分も幸せになれると思うようになるでしょう。

日常生活を仏道修行と心得て、さとりを実践する日々を生きる

お釈迦様は生きることに悩まれました、そして二十九歳の時にご出家あそばされました。六年の苦行の後、三十五歳にしておさとりになられた。この六年の苦行もご修行でしたが、お釈迦様の本当のご修行は、八十歳で亡くなられるまで続きました。本当の修行とは、さとりを実践することですから、お釈迦様は日常がさとりの実践でした。

お釈迦様が八十年のご生涯を終えようとされるまさにその時に、弟子たちに最後の説法をされた。それは「怠ることなく一生修行を続けなさい」というものでした。二千五百年の時の流れを超えて「生」「老」「病」「死」の、ぬくもりのある命の生かし方の教えです。

「人は生まれながらに仏である、それなのにどうして修行をするのか」これは道元禅師の比叡山でのご修行中における疑問でした。

道元禅師は真実の現われであるさとりを「証」とされ、さとりを実践することを「修」とされた。「証」（さとり）はすなわち「修」（修行）であると言われました。すなわち修行あるところ証ありということです。これを道元禅師は修証一等《しゅしょういっとう》であると説かれた。この修証一等を覚知されたことにより道元禅師は疑問が解けたのでした。

人には仏性という本来の面目がそなわっているから、仏性が現われ出る生き方をすればよい。自己を仏として生かしていく生き方がさとりを修行するということでしょう。

仏道修行とはさとりを実践することですから、その揺るがない心構えである平常心《びょうじょうしん》を失わず、日常生活を仏道修行と心得て、さとりを実践する日々としたいものです。

怠ることなく一生修行を続けて、死の間際まで心安らかにして、穏やかで、明るく、楽しくありたいものです。この世に生まれてきたことを喜び、感謝の気持ちをもって、悠久の旅に出られるならば、それは幸せなことでしょう。

朝、目覚めた時に、今、生きていることが素晴らしいことだと感じ、夕べに眠りにつく時に、今日は楽しい一日であったと思えたらよいのです。命尽きるまで良き人生であったと、常にそういう思いで日々が過ごせたら、それが健全な老化ということでしょう。

そして世の中から自分が必要とされる生き方ができれば、より幸せな人生になるでしょう。混沌とした世情だから、時流に流されることなく生きぬきたいものです。

生死《しょうじ》すなわち涅槃《ねはん》とこころえて、生死としていとふべきもなく、
涅槃としてねがふべきもなし。
このとき、はじめて生死をはなるる分あり。　「正法眼蔵生死」

苦悩なく生きる

あの人は仏のようなお方だから善人だ、あの人はどちらかといえば悪人かもしれない、などと人物評価をすることがあります。

お釈迦様は人は生まれながらに仏であると教えられました。人には仏らしいところがあるけれど、仏らしくないところがあるのも人です。どうして人は生まれながらに仏であるのに、仏らしくないところがあるのかということですが、それは人は煩悩の入れ物だからです。煩悩が湧き出ると仏らしさが消えてしまうのです。

煩悩とは正しい判断を妨げてしまう心の働きで、身心を乱し悩ませ苦しませる根源です。煩悩が湧き出れば仏らしさがなくなり、人は悩み苦しみに陥ってしまうようです。それで絶えず懺悔《さんげ》して煩悩の炎を滅除しなさいとお釈迦様は言われました。したがって仏らしくあるための自己管理を必要とします。

仏らしくない自己に気づいたならば、直ちに仏らしさを取り戻すという意識が肝心です。自己管理が適切であれば、悩み苦しむこともないはずです。人は煩悩の入れ物だから油断して自己管理を怠ると、迷い道に入ってしまうから用心しなければなりません。

悩み苦しみの根源は煩悩だから、煩悩が仏らしさをかき消してしまうと、人は悩み苦しみに陥ります。仏らしさを保つことを戒を持《たも》つといいますが、戒が持たれておれば仏らしく生きることができて悩み苦しむこともない。それで煩悩が燃え上がらぬように心掛ける、また煩悩が燃え上がってしまっても滅除する。これが戒を持つということでしょう。

人は生まれながらに仏であるから、仏らしさを保つために、日々の生活において戒を持つという心掛けが肝要です。

戒を持つことが修行であり、日常生活において戒を持つ生き方をせよということです。

それには、自己反省というか、自己チェックを絶えず行うべきで、懺悔《さんげ》することから始まり、三帰戒《さんきかい》、三聚浄戒《さんじゅじょうかい》、十重禁戒《じゅうじゅうきんかい》の十六条の戒を持つことが基本とされています。

人は生まれながらに仏である。ところが、人は煩悩の入れ物ですから、尽きることなく煩悩が湧いてきます。道元禅師は、戒が持たれていなければ不染汚《ふぜんな》の自己を保持することができない。それで、まず懺悔して、そして仏法僧の三宝に帰依し、三聚浄戒、十重禁戒をよく持つことだと「教授戒文《きょうじゅかいもん》」でお説きになられました。

仏教とは釈迦牟尼仏（真理をさとった人・仏陀）が説いた教えです。「仏」とは真理をさとった人のことで、釈迦牟尼仏です。「法」とは仏陀がさとられたものであり、仏陀の教えであり、仏になる教えでもあります。そして「仏」と「法」をよりどころとして、よりよき生き方をしようとする人を「僧」と言います。「僧」は和合衆のことで、仏陀の教えを信奉して生きる人々です。

「仏」と「法」と「僧」が仏教を構成する仏法僧の三宝です。仏陀の教えを信奉し、生きるよりどころとすることが帰依することです。仏宝僧の三宝に帰依することから始まります。そしてこの仏法僧の三宝の功徳がいきわたっているのが、三聚浄戒と十重禁戒ですから、三帰戒、三聚浄戒、十重禁戒の十六条の戒を持《たも》つことが基本となります。

懺悔して、仏法僧の三宝に帰依し、三聚浄戒と十重禁戒を日常生活の規範とし、生き方のよりどころとする、これが仏教徒として戒を持つという生き方でしょう。

戒とは仏らしさを自分の身の上に保つことです。不染汚《ふぜんな》の自己とは仏らしさが保たれた人のことです。この十六条の戒を持ち続ける努力が肝心で、持ち続けることが修行であり日々の生活そのものです。戒を持つことが「不染汚の修証」です。

したがって、懺悔して、仏法僧の三宝に帰依し、三聚浄戒、十重禁戒の十六条の戒を持つことが、悩み苦しみなく生きる「日常の心得」であると受けとめたいものです。

お釈迦様は最後の説法に八大人覚《はちだいにんがく》を説かれました。八大人覚とは人が覚知すべき八種の法門で、少欲《しょうよく》・知足《ちそく》・楽寂静《ぎょうじゃくじょう》・勤精進《ごんしょうじん》・不妄念《ふもうねん》・修禅定《しゅぜんじょう》・修智慧《しゅちえ》・不戯論《ふけろん》です。

八大人覚は「人生の道しるべ」であると言えるでしょう。

諸々の苦悩のもとは貪欲にあります。それで八大人覚を覚知することが、安楽の境地を持続することであると、お釈迦様は最後のご説法をされたのです。形あるものは壊れゆくものであるから、諸行無常のまっただ中にあって、修行を怠ることなく努めよという教えです。道元禅師もご自身の最後の教えとして、この八大人覚をお説きになられました。

八大人覚を修行することで、寂静無為の安楽が得られる「修証《しゅしょう》これ一等《いっとう》なり」です。

禅の十六戒と八大人覚、この智慧《ちえ》を持つ日常の生き方によって、悩み苦しみのない生き方ができる。そして、この世は共生の世界ですから自己中心の生き方から、利他すなわち他を幸せにする慈悲行《じひぎょう》の願いに生きることが、自己の幸せに通じることだと確信したい。

「日常の心得」として、十六条の戒を持つこと、「人生の道しるべ」として八大人覚を覚知することにより、悩み苦しみのない生き方を我が身の上に実現したいものです。

人の生をうくるはかたく、やがて死すべきものの、今、生命あるはありがたし、
正法《しょうぼう》を耳にするはかたく、諸仏《しょぶつ》の世に出ずるもありがたし。　「法句経一八二」

はじめての今日、新しい私を生きましょう
今の私は、去年の私、昨日の私ではない。
未来の私、明日の私といっても、それは一瞬のことで、
もう今の私、過去の私です。
身体の細胞はたえず生まれて死んで、一時も同じでないから、
いつも新しい私で、一分一秒たりとも同じ私でない。
だから過去や未来にこだわらず、今の私を生きることです。
自然界には、過去も未来もありません、
生きとし生けるものは、みな今を生きています。
人間だけが過去や未来にこだわっています。

第三章

禅の十六戒

日常の心得

日常の心得

教授戒文

善い習慣を身につけましょう

懺悔文《さんげもん》は、三毒（貪瞋癡《とんじんち》）からの心の浄化です。
三帰戒《さんきかい》は、仏・法・僧の三宝をよりどころとして生きぬこうとする誓約です。
三聚浄戒《さんじゅじょうかい》は、止悪・修善・利他へと生き方を転換する決意表明です。
十重禁戒《じゅうじゅうきんかい》は、日常の生活信条です。

懺悔文《さんげもん》　身・口・意の三業を清浄にする

我昔所造諸悪業《がしゃくしょぞうしょあくごう》　皆由無始貪瞋癡《かいゆうむしとんじんち》
従身口意之所生《じゅうしんくいししょしょう》　一切我今皆懺悔《いっさいがこんかいさんげ》

我、昔より造りしところの諸々の悪業は、皆、無始の貪瞋癡による、身口意よりの生ずるところなり、一切、我、今、懺悔したてまつる。

三帰戒《さんきかい》（帰依三宝）　三つの帰依の信仰　仏法僧の三宝に帰依する
南無帰依仏（なむきえぶつ）・・・仏に帰依し、真理を求め生きる
南無帰依法（なむきえほう）・・・まことの法に帰依し、真理の教えに生きる
南無帰依僧（なむきえそう）・・・道を求める僧に帰依し、和合して生きる

三宝《さんぽう》とは、仏教の教主である仏（仏陀《ぶっだ》）と法（仏の教え）と僧（仏の教えを奉じる集団）のことです。三帰戒は、仏・法・僧の三宝に帰依する戒法であり、受戒得度《じゅかいとくど》する時は、まずこの三帰戒を受けなければなりません。

誠の心をもって懺悔して、仏法僧の三宝に帰依しましょう。三宝には三種の功徳がある。いわゆる一体三宝《いったいさんぽう》・現前三宝《げんぜんさんぽう》・住持三宝《じゅうじさんぽう》です。

釈迦牟尼仏（仏）とその教（法）と、それを奉ずる人々の集団（僧）を宝にたとえて、三宝といいます。この三宝は一体のものですから一体三宝です。現在においても、お釈迦様在世時の三宝そのものですから現前三宝です。住持とは護持《ごじ》の意で、仏法僧の三宝を持《たも》つものとして、仏像と経典と出家の僧を住持三宝と言います。

三聚浄戒《さんじゅじょうかい》　三つの清らかな誓願

第一摂律儀戒（しょうりつぎかい）すべての不善を為さない・悪いことをしない

第二摂善法戒（しょうぜんぼうかい）あらゆる善行に励む・善いことは進んでする

第三摂衆生戒（しょうしゅじょうかい）世のため人のために尽す、これ仏の生き方なり

戒には止悪・修善・利他の三種の働きがあるとする。悪を行わず、善を実行し、他への利益《りやく》をはかることの教です。

十重禁戒《じゅうじゅうきんかい》　十条の戒めの実行

第一不殺生戒（ふせっしょうかい）

生命あるものをことさらに殺すことなかるべし

生きとし生けるものの命は互いを生かしめるから尊い

第二不偸盗戒（ふちゅうとうかい）

与えられないものを手にすることなかるべし

盗んではいけないと思う心までも、なくしてはいけない

第三不貪婬戒（ふとんいんかい）
道ならざる愛欲を犯すことなかるべし
みだら（婬）な行いはつつしむべき

第四不妄語戒（ふもうごかい）
いつわりの言葉を口にすることなかるべし
妄《みだ》りになることは、うそいつわりの言葉からなり

第五不酤酒戒（ふこしゅかい）
酒に溺れて生業《なりわい》を怠ることなかるべし
己も酒に溺れ迷うことなく、他人にも迷いの酒を飲ませない

第六不説過戒（ふせっかかい）
他人の過《あやま》ちを責めたてることなかるべし
自分のことはさておいて、他人の過ちをとがめない

第七不自讃毀佗戒（ふじさんきたかい）
己を誇り他の人を傷つけることなかるべし
慢心は人間関係を毀《こわす》なり

第八不慳法財戒（ふけんほうざいかい）

物でも心でも施すことを惜しむことなかるべし

財や物、心でも慳《おし》むことなく他に施したい

第九不瞋恚戒（ふしんにかい）

怒りに燃えて自らを失うことなかるべし

目でいかり（瞋）、心でいかる（恚）ことなく、やさしくありたい

第十不謗三宝戒（ふぼうさんぼうかい）

仏法僧の三法を謗《そし》り不信の念を起すことなかるべし

仏法僧の三宝を謗ることなかれ

この十重禁戒を道元禅師は「教授戒文」の中で、菩薩戒の十六条として、三帰戒、三聚浄戒とともに説いています。十六条の仏戒は、概ねこのようなことです。教えにしたがい礼拝して戒を授かりましょう。

受戒

人には自性清浄心すなわち仏性という本来の面目がそなわっているから、仏性が現われ出る生き方をすればよい、その生き方が修行です。自己を仏として生かしていく、その修行がそのままさとりであり、さとりを修行することが仏教徒の日々の生き方です。

戒とは、何人にもそなわっているこの自性清浄心すなわち仏性・仏心そのものですから、自性清浄心を自覚する生き方が戒を持《たも》つということでしょう。

受戒とは戒を受持すること、戒を自身の上に持つことで、在家・出家の別なく仏教の教えを信奉するものが護《まも》らなければならない規律にしたがうことを誓うことです。

授戒とは戒を授けること、受戒させることです。授戒の儀式が授戒会です。受戒者は相承《そうじょう》の系譜である仏祖正伝菩薩大戒の血脈《けちみゃく》と、受戒した者に与えられる名である戒名《かいみょう》をいただきます。戒名はもとより生前入信した時に与えられるものですから、より善き生き方を目指そうと心に決めたならば、進んで受戒すべきでしょう。

禅の十六戒を身につけましょう

教授戒文《きょうじゅかいもん》は道元禅師が中国の天童如浄《てんどうにょじょう》禅師から授けられた戒の精神を明らかにしたもので、その内容は、三帰戒《さんきかい》・三聚浄戒《さんじゅじょうかい》・十重禁戒《じゅうじゅうきんかい》の十六条が中心になっています。

この教授戒文は道元禅師の法を嗣いだ孤雲懐奘《こうんえじょう》禅師が記録したものと伝えられています。大乗菩薩戒《だいじょうぼさつかい》は、略して大乗戒と言います。仏祖正伝《ぶっそしょうでん》の菩薩大戒《ぼさつだいかい》は、千仏が護《まも》れたものであり、祖師が伝えてこられたところのものです。

釈迦牟尼仏《しゃかむにぶつ》は摩訶迦葉《まかかしょう》に授けられました。摩訶迦葉は阿難陀《あなんだ》に授けられた。そうして正統の後継ぎから正統の後継ぎに相い授けられ、菩提達磨《ぼだいだるま》によりインドから中国へと伝えられました。六祖慧能《ろくそえのう》も、洞山良价《とうざんりょうかい》も皆正統な後継ぎに附《わた》されました。そして天童如浄《てんどうにょじょう》は日本国の道元禅師に附《わた》されたのです。このようにして、二千五百年の時間を経て受け嗣がれてきました。

仏が仏に相い授け、祖師から祖師に相い伝えられてきました。このように法を受け嗣ぐということは、過去・現在・未来の三世を超越したもので、一器の水をそっくりそのまま一器に移すがごとく、授けられ受け嗣がれてきたから、絶えることがなかったのです。

仏教は仏の教えであるとともに、仏となる教えです。仏であることに目覚めることが無上の幸せであり、仏の生き方をすることが、悩み苦しみ無き生き方であることの教えです。梵網経に戒は制止なりとありますが、お釈迦様のおさとりがそのまま戒であるということでしょう。お釈迦様は人々に、幸せな生き方ができるよう戒を授けられました、人の生き方の基本を説かれたのです。しかし今日ではこの戒を授かり、仏教帰依者である自覚をもって、人生を歩もうとする人が少なくなってきたようです。

「上来三帰、三聚浄戒、十重禁戒、是れ諸仏の受持したまう所なり」と、道元禅師はお説きになっています。戒とは自性清浄心を自覚する生き方であり、自己を仏として生かしていく生き方そのものですから、善い習慣として身につけていきたいものです。

日常生活において三帰戒、三聚浄戒、十重禁戒を日常の心得・善い習慣として身につけ、仏に目覚めることが無上の幸せであるとの願いを発《おこ》し、そして、日々、心が安らかである生き方を目指しましょう。

三帰戒、三聚浄戒、十重禁戒は出家在家を問わず、仏教をよりどころとして生きぬこうとする人々が、あるいは仏教徒に限ることなく、これを信奉して、より善き生き方を目指そうとする人々にとってのよるべとなり、道しるべになるでしょう。

懺悔して、身口意の三業を清浄にするのは楽しい、なぜならば気楽に生きられるから

懺悔文（さんげもん）

我昔所造諸悪業《がしゃくしょぞうしょあくごう》、皆由無始貪瞋癡《かいゆうむしとんじんち》、従身口意之所生《じゅうしんくいししょしょう》、一切我今皆懺悔《いっさいがこんかいさんげ》

我、昔より造りしところの諸々の悪業《あくごう》（罪、悪いわざ）は皆、無始の貪瞋癡《とんじんち》（むさぼり、いかり、おろかさ）による身口意《しんくい》（からだ、くち、こころ）よりの生ずるところなり

一切、我、今、懺悔したてまつる

懺悔文の懺は何か誤って悪いことをした時に許しを請うことです。悔は後悔の悔の字で、悪かったと悔やむことです。懺悔文とは自己の罪過を仏前に懺悔する時に述べる言葉で、私が過去から今日に至るまでつくってきた諸々の悪業は、みな無始の時からの、むさぼり、いかり、おろかさなどの三毒《さんどく》によって、私の身体や言葉や心でつくられたものです。それらの罪悪のすべてを今、私は仏の前で懺悔します。

心を清める

これぐらいは誰でもしているからとか、見つからなければいいだろうと、ちょっとスリルを感じて万引きをしてしまう。これは青少年の犯罪に多いことですが、コンビニや書店での盗みや、薬物乱用など、出来心で犯行に及んでいることもあるようです。人はどうして悪事を働いてしまうのでしょうか、しかも悪いことと知りながらです。なぜでしょうか。

その時は、冷静さを失って、自分を見失い、善し悪しの見分けがつかないままに、悪行に走ってしまったなどと、自分の悪事を弁解する人がいますが、悪いことをしていて、それが間違っていると気がつかない、などということはありえません。ただまれに無知ゆえに、善悪の理解ができていないことがあるかもしれません。

生活が苦しいから、お金がないからと、ついやってしまう大人の万引きと、ゲーム感覚でする青少年の万引きとは、動機に違いがあるでしょう。怨みや憎しみによる特定の人に害を与える犯罪と、鬱憤《うっぷん》のはけ口のような、誰でもいいからと見ず知らずの人に危害を加える犯罪とは、これも動機が異なります。

自分の弱さからなる薬物依存症、男性のゆがんだ精神的行動である女性に対する犯罪、遊びの金欲しさの悪事、悪徳商法、凶悪犯罪等々、犯罪の動機や種類はさまざまです。

いずれにしても悪いことと知りながらも、人は悪事を働いてしまうのです。何が人を悪事に向かわせてしまうのでしょうか。でも、ほとんどの人は悪いことと認識したならば悪事を働くことをしないものです。それでも悪いことをしてしまう人と、悪いことをしない人とは何がどう違うのでしょうか。

ちょっとぐらいはいいだろうと、軽い気持ちで悪いことをしていると、しだいに悪の道にのめり込んでしまいます。悪いことと認識しながらも、もう悪に染まってしまったのだから引き返せないと、さらに悪を重ね、悔い改めることなく、前後の判断もせずに、気の向くままに成り行きのままに、悪行を重ねる人もいます。

生きざまを業《ごう》と言います、悪しき行いは凡夫の悪業です。悪事に慣れてしまうと少しぐらいは、これくらいはという思いが、慣れっこになり、さらに貪欲な気持ちが働き、悪事の程度が増していきますと、やがて大きな悪事に手を染めるようになってしまい、不幸な結果を招いてしまいます。そして長く悪業の苦しみを背負うことになります。

お釈迦様は悪の果実がまだ熟さないうちは、悪いことをしていても幸せになることがあるが、悪の果実が熟すると毒を持ち不幸に陥るから、早く悪の果実と気づくことが大切であると教えらました。

幼き子の行動ならば善悪を問われないけれど、青少年になると善悪の認識ができる能力があるとみなされます。十五歳とか十八歳未満、成人した大人、年齢によって悪事は法的に処遇されます。しかし犯罪をおかす人の素地は幼き頃よりつちかわれていくのでしょう。したがって物心がつくまでの幼き頃に、親は子に善悪の見極めをすることを教え始めるべきです。幼子の時に善いことであるか、悪しきことであるかを教えなければ、善し悪しの認識のもとに行動できる人に育っていかない。親が子に善悪の認識が大事であることを教えないと、その子は不幸になっていく。また親の悪行を見て育った子が悪事を働くと、二代にわたって繰り返されることになり、それこそ不幸なことです。

また日本人の文化である「恥」ということについて、躾として親が子に教えなくなったことも、現代人の善悪についてのあやふやな認識と関係がありそうです。

悪の果実いまだ熟れざる間は悪しきをなせる人も幸福を見ることあるべし、
されど、悪の果実熟するにいたらば、その人ついに不幸に逢わん。　「法句経一一九」

人は生まれながらに仏である、すなわち、悪しきことのできない人、善きことをしないではおれない人に生まれてきたことになっています。けれども自分自身が仏であることに気づいていません。のみならず、仏である自分に逆らって甘い魅惑や魅力に誘われて、ついつい悪しき道に入ってしまう弱い心も人は持ち合わせています。

たとえ悪事によって幸せを得ようとしても、けっして幸せになれない、なぜならば人には仏心があるからです。必ず罪の意識にさいなまれて、もがき苦しむことになり、結局は幸せになれないのです。

人には貪瞋癡（むさぼり、いかり、おろかさ）の三毒の心がある。この三毒の心が働くと悪しき行いをしてしまいます。この三毒の心の働きを抑えて、真実の道理に則して生きる理想的人間像である仏に近づこうとする思いも人にはあるけれど、どうしても三毒の心を抑えきれないで、この三毒の心のおもむくままに勝手気ままな自分本位の生き方をしてしまいます。これが凡夫の悪行です。

人は仏の素地をもって生まれてきたから、本来人は悪しきことをしないものです。だから悪行をしようとすると、悪いことをしようとしている自分に気づき、思い止まるのです。また悪しきことを見極める力が人にはそなわっており、悪しき道に入りても、悔い改めて善良な生き方に立ち返る力が人にはあります。

悪事の前歴のあるものが、社会生活をして更正していくのには、厳しい試練がともなうでしょう。たとえ悪事を働いてしまっても、自分が誤った生き方をしてきたことを冷静に認めて反省し、これからの生き方を善きものにしていこうと、強い覚悟ができてきた人は再び悪しき道を行くことはない。懺悔し更正するとは、自分自身が悪しきことのできない人間、善きことを進んで行える人間になることです。

しっかりとした信念を持っていないと、ややもすれば人は自分勝手なわがままな振る舞いをして、自分自身が苦しんでしまう原因をつくってしまったり、悪しき道に流れてしまいます。それで、そういう心のブレを絶えず自分で軌道修正していかねばならない、これが懺悔です。そして、自分の心を清めること、これが日々の生活という修行です。善き生き方を心掛けよう、善き生き方に喜びを見い出そう、この思いが大切です。

その報い　よもわれには来たらざるべし　かく思いて　悪しきを軽んずるなかれ
水の滴り　したたりて　水瓶を満たすがごとく　愚かなる人は　ついに悪をみたすなり

「法句経一二一」

満たされない気持ちから道ならざる愛欲に溺れてしまったり、また酒に飲まれてしまうことはよくあることです。うそ偽りの言葉を語ること、他人の過ちをことさらに責め立てること、なにげなく放った一言で人を傷つけてしまうこと、このようなことも注意しなければいけません。怒りに燃えて自らを失ってしまい、迷惑な行為に及ぶなどということは、厳に慎むべきことです。

貪瞋癡の三毒の心の働きを少しでも抑えて、自然体に生きることができれば一番楽な生き方ができるはずですが、人は何ごとにも執着したり、欲望が尽きないから、さまざまな悩みを自分自身でつくってしまいます。悩み苦しみのない生き方のために、常に三毒の心の働きを抑えて、懺悔して、日々を楽しく生きたいものです。

懺悔の法を修することで、身口意《しんくい》（身体的行為・言葉・心に思うこと）の三業《さんごう》を清浄にします。仏の前で懺悔すれば過去の悪業の報いは軽くなり、あるいは滅して、心が清らかになり、精進努力しようという気持ちも起こります。そして自分のみならず他の人にも善き影響を与えることになります。

とかく悪しき道に流れてしまう弱い心の自分であっても、心掛けしだいで変われます。日々懺悔して、自分の心を清めようと努めればよいのです。そういう生き方の中に、悪しきことをしようとしてもできない自分、善きことを進んでやれる自分がしだいにつちかわれていきます。つまり仏さんらしい人間になっていくのです。

自分自身を変えることによって、自分のことはさておいても他を思いやり、他を幸せにという願いが、自分自身にそなわるようになります。世のため人のために尽くせる人間であることを喜び、そして生き甲斐を感じることができるようになれば、それはとても幸せなことです。

命はいつ尽きるかわからない儚いものですから、より善き生き方を求め続けることに喜びを見い出したいものです。心を清めるとは、仏心という心の鏡を常に曇らないようにしておくことでしょう。

もし人　善きことをなさば　これをまたなすべし
善きことをなすに　楽しみをもつべし　善根を積むは　幸いなればなり
「法句経一一八」

仏法僧の三宝に帰依するのは楽しい、なぜならば気楽に生きられるから

三帰戒（さんきかい）　帰依三宝

天上を化し、人間を化し、あるいは虚空に現じ、あるいは塵中に現ずるはすなわち仏宝なり。

あるいは海蔵に転じ、あるいは貝葉《ばいよう》に転じ、物を化し、生を化するはこれ法宝なり。

一切の苦を度し、三界の宅を脱するはすなわち僧宝なり。これを住持三宝と名づく。

仏法僧に帰依するとき、諸仏の大戒を得ると称す。仏を称して師となし、余道を師とせざれ。

教授戒文

お釈迦様はこの世の真理をさとられました。この世に自然に存在するものは真理の現われであり、これが仏です。お釈迦様ご自身が真理の現われであるから仏です。お釈迦様がさとられた真理が他に説かれた。説かれた真実の道理（真理）が法です。

真理の現われが仏であり、説かれた真実の道理が法で、仏と法をよりどころとして生きるものが僧です。これが仏法僧の三宝です。三宝とは、「仏宝」「法宝」「僧宝」です。

仏とは真理が現われたもののことであり、ありのままで露《あらわ》なるすべての存在のことです。宇宙の星々であり、山川草木、生きとし生けるもの、人も、悉《ことごと》くが仏です。

真理をさとられたお釈迦様が仏であり、お釈迦様は真実の道理を法として説かれました。そしてお釈迦様と同じく、自身も仏であることに目覚めて生きていこうとする和合衆が僧です。

お釈迦様や菩薩様など、かたちにしてまつり崇《あが》める仏像や仏塔は仏です。お釈迦様の説法や、その教えをまとめた経典は法です。仏と法をよりどころにして生きようとする人々が僧です。この仏法僧の三宝を持《たも》ち続けることを住持《じゅうじ》すると言います。

お釈迦様がご存命の時は仏法僧の三宝はお釈迦様ご自身でしたから、弟子たちはお釈迦様を三宝と仰いで、よりどころとされたから安心でした。けれどもお命は永遠でないから、お釈迦様が亡くなられた後を心配する弟子たちに「私し亡き後は法をよりどころとして、修行を怠ることとなきように」とお釈迦様はさとされました。すなわち仏法僧の三宝に帰依して修行を怠りなく努めよと説かれたのです。

早く仏法僧の三宝に帰依し奉りて衆苦を解脱するのみに非ず菩提を成就すべし。

「修証義」

なぜ、聖徳太子は十七条の憲法の根本を、帰依三宝に置かれたのでしょうか

聖徳太子が推古天皇の摂政として国政にあたられた時代は、豪族の勢力争いで国がとても乱れていました。それで聖徳太子は政治を安定させるために、国の規則《きまり》を設けられました。それが西暦六百四年に制定された十七条の憲法です。律令国家として憲法を制定し、国づくりを進められました。

「二に曰く、篤く三宝を敬え。三宝とは仏法僧なり……」十七条の憲法の第二条に篤く三宝を敬えとありますが、ものごとの基本となる考え方を仏教の三宝を敬うことに置かれたのです。何ゆえに聖徳太子は憲法の根本を三宝帰依にされたのでしょうか。

人は自分の物差しで判断しがちです。お金のない人の百円と一億円持っている人の百円は同じ百円ですが、価値評価についての思いが違うように、人により物差しが違ってきます。ものの是非、損か得か、善悪などの判断を無意識のうちに自分の物差しで判断してしまいます。

人それぞれに、それぞれの物差しや価値観があります。しかも、その物差しは絶えず変化して気まぐれです。価値観や判断基準というものは、人によって、また地域によってもさまざまだから、誰もが共通して認めることのできる基準を持つ必要があったことから、

聖徳太子は仏教の三宝帰依の教えをその基本とされたのでしょう。

人間が思い描く唯一絶対の神があって、この世はその神が司《つかさど》っているとすれば、その神に代わってこの世を支配しようとする人間が必ず現われます。支配しようとする人間は同じ思いの他と争いを繰り返します。また、いつの時代でも政治家個人が私利私欲を、政党が党利党略をむき出しにすれば、争いは絶えず世は乱れます。

人はそれぞれ自分の考えというものを持っているから、自分の経験や主観でものごとを判断しようとします。けれども個人的な価値観や主観で政治をすれば、混迷混乱を招きかねません。震災や風水害では、想定外という言葉をよく耳にしますが、自然現象に想定外という表現はあたりません。天地自然において人間の力の及ぶ範囲は微々たるものです。人間の価値判断をもってものごとを把握しょうとすれば見当違いを起こすことから、何ごとにおいても、世の真実の道理に照らして事に処するようにと聖徳太子は説かれた。それで治世の根本を真理の具現である帰依三宝に置かれたのでしょう。

聖徳太子は「仏」「法」「僧」の三宝に帰依することで、平和に、誰もが幸せに生きていける世であることを願い、仏法僧の三宝帰依をもって仏国土づくりを目指されたのでしょう。

峰の色 谷の響きも 皆ながら 吾が釈迦牟尼の 声と姿と

雨上がりの木々の生き生きとしたさまに生命の息吹を感じたり、山々の神々《こうごう》しいばかりの雄々《おお》しさに、思わず見とれたり、雲の流れゆくさまに、降りしきる雨の音に、ふと己の存在を忘れることがあるでしょう。草木や自然の生き物の姿を目にする時、生きとし生けるものは互いに生かし合っていることにも気づくでしょう。ありのままに、すべてを露《あらわ》にしているもの、疑いなきもの、にごりなきもの、それら存在するもの悉《ことごと》くが「仏」です。

人間関係で疲れたり、思い悩む時、夜空を見上げると満天の星の輝きに、己の了見の狭さを気づかされる。星々は何も語らないが、己に生き方を教えてくれます。この真理の導きが「法」です。水は高きところより低きところに流れる。この事実が「法」です。

「峰の色 谷の響きも 皆ながら 吾が釈迦牟尼の 声と姿と」道元禅師は、森羅万象は、そのままに仏・法・僧の三宝の現われであると詠まれました。

天の星も、地上の山も川も、トンボもカエルも、あるがままにその姿を露《あらわ》にしている。この世の何もかもが、ありのままにその姿を露にしています。ところが、あるがままにその姿を受けとめることができないのが人間です。

心を空《むな》しくすれば、己の我執も個性も万法に溶け込み滅却する。万法に溶け込んでいるお互いは和合しているから、自他の区別はない。一如に和するものが「僧」です。

僧伽《そうぎや》とは比丘、比丘尼、優婆塞《うばそく》、優婆夷《うばい》の四衆すなわち、出家在家のすべての和合衆を指します。互いに信頼し尊敬し合い、和合衆が集まるところが伽藍《がらん》（寺）です。

お釈迦様は宇宙の真理をさとられて仏陀「仏」となられた。お釈迦様が説かれた教が「法」です。「仏」と「法」を信奉して修行する和合衆が「僧」です。

三宝には三種の功徳があります。いわゆる一体三宝・現前三宝・住持三宝です。仏法僧の三宝は真理そのものですから、仏・法・僧は一体のもの「一体三宝」です。過去、現在、未来、いつでもお釈迦様とまったく同じ菩提を証《さと》るのが仏宝であり、そのさとりが法宝であり、教を学ぶのが僧宝です。これを「現前三宝」と言います。仏・法・僧の三宝を護持することが、「住持三宝」です。

仏は是れ大師なるがゆえに帰依す、
法は良薬なるがゆえに帰依す、
僧は勝友なるがゆえに帰依す。　「修証義」

帰依三宝を軸足にして、自分の生き方の基本にしましょう

お釈迦様滅後の長い年月を経て、お釈迦様や諸々の仏を仏像や仏画にして、これを「仏宝」とし、お釈迦様の教えをさまざまな教典として、これを「法宝」として、そして和合する仏弟子を「僧宝」として、お釈迦様のおさとりである、阿耨多羅三藐三菩提《あのくたらさんみゃくさんぼだい》を受け嗣《つ》いできました。

住持とは持《たも》つの意で、滅失せずに持続すること、阿耨多羅三藐三菩提を後世に受け嗣いでいくことを住持すると言います。

昨今、日本仏教は堕落したと言われる。寺院の伽藍や庭園は観光で訪れるところとなり、仏像や仏画は鑑賞の対象として観られ、僧侶は仏法を説かず、葬式法事のお経の読み手に過ぎないと揶揄されているようです。僧侶が尊敬されず、社会的信頼を失ってしまえば、僧宝でなくなってしまい、衆生は三宝に帰依しなくなるでしょう。

人々はさまざまな悩みや苦しみを持ちながら日々の生活を送っています。現代人の多くが、軸足が定まっていないがために、社会の動きや世相に翻弄され、自己を見失いがちです。けれども何をよりどころとして生きていけば安らかで穏やかな、そして生き甲斐の感じられる生き方ができるのだろうか、その筋道が見えていないのです。

わがまま勝手な生き方を懺悔して、自分を変えていく、時には静かに坐り、背筋を伸ばして、呼吸を調えますと、この世の真理が見えてくる、聞こえてくるでしょう。

自分の仏性（仏である本性）と仏心（智慧と慈悲）を常に呼び覚ませておれば、自分の生き方に自信が持てるはずです。そのためには軸足をしっかり定めて、ぶれないことが大切です。帰依三宝を軸足にして、世の真理に照らして事に処する能力を養っていきたいものです。

仏法僧の三宝に帰依する生き方により、智慧と慈悲行が一つとなる（感応道交《かんのうどうこう》する）と道元禅師は言われました。智慧と慈悲の両面がそなわった仏になるということです。

智慧という戒を持《たも》つ日常の生き方によって、悩み苦しみのない生き方ができる。そして、この世は共生の世界ですから自己中心の生き方から、利他すなわち他を幸せにする慈悲行の願いに生きることが、自己の幸せに通じることであると確信できるでしょう。

この帰依仏法僧の功徳、かならず感応道交するとき成就するなり。「修証義」

悪をなさず善をなし利他に生きることは楽しい、なぜならば気楽に生きられるから

三聚浄戒（さんじゅじょうかい）

三聚浄戒《さんじゅじょうかい》あり。
摂律儀戒《しょうりつぎかい》。諸仏法律の窟宅とする所なり、
諸仏法律の根源とする所なり。
摂善法戒《しょうぜんぼうかい》。三藐三菩提《さんみゃくさんぼだい》の法、能行所行の道なり。
摂衆生戒《しょうしゅじょうかい》。凡を越え、聖を越え、自を度し他を度するなり。
これを三聚浄戒と名づく。

教授戒文

摂律儀戒《しょうりつぎかい》　諸仏法律の窟宅とする所なり、諸仏法律の根源とする所なり。

人間の果てなき欲望がわがまま勝手にまかり通っている日常を、時として自然は猛威をふるって打ち砕いてしまいます。台風の襲来、豪雨豪雪、地震津波など、天変地異に遭うと人は自然の猛威に恐れおののき、改めて大自然に畏敬の念をいだきます。大切な財産が消失し、人命が奪われてしまう悲哀を受けとめざるをえないのです。そして人間の思慮分

別の及ぶところのものでない、それが大自然であることを再認識します。

宇宙、地球、私たちの住むこの世界では、現前の森羅万象の悉《ことごと》くが露堂々、すなわち少しも隠すところなく、真理を露《あらわ》にしています。森羅万象がそのままに真理の現われですから、うそ偽りもなければ、善悪などと分別する余地もありません。しかし多くの現代人は、このことに気をとめようとしないようです。

森羅万象がそのままに真理の現われですから、存在するものは悉くが仏です。仏であるから仏性をそなえています。森羅万象が悉有仏性《しつうぶっしょう》だから、私たち人も、生まれながらに仏性がそなわっています。人も同様に仏であると、お釈迦様は説かれました。

「この法は、人人の分上にゆたかにそなわれりといへども、いまだ修せざるにはあらはれず、証せざるにはうることなし」（正法眼蔵弁道話）と道元禅師がお示しです。

人には生まれながらに仏性がそなわっているから、修行するところに証《さとり》が現われます。仏性がそなわっているという自覚をすることが大切です。自己に仏性がそなわっていることを心得ておれば、悪行を働くことはありません。自己にそなわった仏性に違《たが》わぬよう、善業《ぜんごう》を修する生き方が摂律儀戒《しょうりつぎかい》です。

摂善法戒《しょうぜんぼうかい》　三藐三菩提《さんみゃくさんぼだい》の法、能行所行の道なり。

この世とは不汚染《ふぜんな》の世界です。不染汚とはさとりであり、真理そのものだから一点の迷いの雲もない。不染汚の世界に生まれ生きている私たちも不染汚そのものですが、時には月に群雲のごとしで、煩悩が不染汚の心を曇らせ、邪悪な道に走ってしまいます。

「三つの子がしだいに智慧つきて、仏に遠くなりにけり」というがごとしで、赤子の時は煩悩なき仏で生まれてきたけれど成長するにつれて煩悩が働くようになります。煩悩のおもむくままに行動すれば、悩み苦しみのるつぼに落ちてしまいます。それで人は懺悔して、自己の本性を取り戻そうとします。

目を開いて世界を見ると、その世界の中心に自己自身がある。その自己のさらに奥の中心に宇宙そのものがある。それが本当の自己自身です。自己の本性である仏性とは、自性清浄心（仏心）です。自性清浄心がそなわった自己が真実人体であり不染汚の自己です。煩悩である我執、慢心が除かれたところに仏性が現われます。

人は悩みも苦しみもない、生き死にを超えた安楽の境地を得ることを願いとします。安楽の境地とは真理を我が身に実現することで、これを仏教ではさとりという。そしてさとりに自己を同じくして生きることを修行と言います。

「仏道をならうというは、自己をならうなり。自己をならうというは、自己をわするるなり。自己をわするるというは、万法に証せらるるなり。万法に証せらるるというは、自己の身心、および佗己の身心をして脱落せしむるなり。」（正法眼蔵現成公案）

仏道を学ぶというは、自己を学ぶことであり、身心を脱落せしめるとは、自己というこだわり、とらわれ、その悉《ことごと》くを捨てることです。捨てることで、ありのままの真理であるさとりが現われる。それを万法に証せらるるという。万法に証せらるるとは、さとらされるということです。万法に証せられ、善行に生きることが摂善法戒《しょうぜんぼうかい》です。

悪しきことをしないで善きことをするということは、誰もがよくわかっていますが、実行し続けるとなると、なかなかむつかしいことです。人は悪をなさず善のみで通そうとしても、どこかにひそんでいる悪の心が揺れ動いてしまいます。

けれども人には生まれながらに自性清浄心がそなわっていますから、安らいだ穏やかな心の状態が保たれれば善悪の認識ができるのです。

たとえ悪行を重ねたとしても、心穏やかにして、自己の悪行を懺悔して、心を清浄にすれば悪しきことをしないで善きことを行うという願いが呼び起こされてきます。

摂衆生戒《しょうしゅじょうかい》　凡を越え、聖を越え、自を度し他を度するなり。これを三聚浄戒《さんじゅじょうかい》と名づく。

この世は共生《ともいき》の世界です。人も生きとし生けるもの悉《ことごと》くが共生の世界に生まれ、共生の世界に生きています。共生の世界では自己中心の生き方をしていますと、生きづらさを感じて悩み苦しみます。なぜならば共生き世界では他を幸せにという生き方、利生、利他の生き方が求められるからです。利他の生き方こそが自然の生き方であって、これが摂衆生戒です。

共生の世界における生死とは、この世に必要であれば生まれ、不必要であれば滅していきます。だから、生まれてきたからには、自分がこの世にとって必要な生き方をしなければなりません。この世に必要な私になれば、他から必要とされ、感謝され、尊敬されます。

善であるのか悪であるのかというのは、人間が主客を分けてものごとをとらえようとする分別心によるものです。もとより森羅万象にうそ偽りはなく、善もなければ悪もない。ですから、善悪などと分別できません。悉くが真理を露《あらわ》にしたものだからです。

自己を先に立てて善悪を分別して、万法の真理を明らかにしようとすれば迷いにはまり込んでしまいます。けれども人には仏性（自性清浄心）がそなわっているから、自己は煩悩の入れ物であるが、心を空《むな》しくすれば、万法の側から自己が照らし出されて万法（真理）が我が身に実現します。これがさとりです。

「自己をはこびて万法を修証するを迷いとす、万法すすみて自己を修証するはさとりなり」（正法眼蔵現成公案）道元禅師はこのように示しておられます。

万法すなわち、さとり（証）を自己の上に実現することを、仏に成ると言います。そのさとり（証）を保持することが修行です。修行とさとり（証）は、日々の生き方そのものです。

人が成熟するとは最高の人格に到達することで、仏道ではそれを仏に成ると言う。あるいは仏にならずとも、それぞれの分野で世のため人のために尽くせたら、そういう生き方を続けていけば、仏に近づくと教えています。摂律儀戒・摂善法戒・摂衆生戒の実践により、仏に成る、仏に近づくということです。これを三聚浄戒《さんじゅじょうかい》と言います。

自分が幸せになろうと欲するならば、他をも幸せにしない限り自分は幸せになれない。日々の生活において、他を幸せにの願いを持続するところ、自ずと幸福度は高まる。利他の生き方がなされれば、他から世の中から、あなたが必要ですと言われ、その必要を満たす生き方がなされておれば、他から世の中から感謝され、そして尊敬されるでしょう。

三聚浄戒を実践することで、人は生き甲斐を感じ、本当の幸せが実感できるのです。

殺生しない、殺生させないことは楽しい、なぜならば気楽に生きられるから

第一不殺生戒（ふせっしょうかい）

第一不殺生
生命不殺《ふせつ》、仏種増長《ぞうじょう》す。仏の慧命を続《つ》ぐべし。
生命を殺すことなかれ。　教授戒文

殺生しない、殺生させない

人類の歴史は戦争の歴史である。そう言っても過言ではないかもしれません。今も世界中のどこかで戦争が起きています。また戦争と関係するテロの誘発も招いています。北朝鮮では核兵器とミサイルの開発がエスカレートして、世界中が懸念を表明しています。

戦争やテロは人命に関わる重大な事態であり、命の尊厳を踏みにじる悲惨な行為です。戦争やテロが起こるたびに命の尊厳が叫ばれ、戦争の終結や紛争の回避、テロの未然防止のための国際協力が問われ、紛争解決のための努力がなされてきました。こうした平和を希求する人類の願いにもかかわらず、今も世界中のどこかで戦争やテロが起こっています。

国の統治において、民主主義でも命の尊厳を守れないことがあるのに、一党独裁や軍が国家権力を握ると人民は限りなく抑圧されてしまいます。そして地球規模での不幸をもたらしかねない殺生を招くことになります。

現実の地球環境は日々刻々として変わり続けています。人口爆発が食料問題や大気汚染を惹起しています。それで地球環境が破壊され続けています。

命の尊厳を踏みにじる悲惨な行為は戦争やテロばかりではありません。身近に起こっているいじめやパワーハラスメントなども、命の尊厳を罵倒する醜い行為です。いじめやパワーハラスメントは、受ける側では、人格を否定されるという苦しみに心の傷が癒やされない悶々とした日々を送ることになり、自死という悲劇に至ることがあります。あきらかにこれは殺生です。

この世の中は共生の世界です。人のみならず生きとし生けるものすべてが互いに生かし合っています。共生とは命の生かし合いだから、自己中心の生き方をすると生きづらくなってきます。この世では、悉《ことごと》くの存在が仏ですから、仏が仏を生かしている。仏が仏に生かされている。生かし合いの世界に、殺生があってはならないのです。

食べ物と不殺生

食材を語る時に、殺生ということが話題になることがあります。また宗教上の理由から、牛肉、豚肉を食べないとか、健康上の理由から、魚介類は食べるが他の動物性の食材は避けるという人もいます。ベジタリアンであるから植物性食材以外は食さないという人もあります。

私たちは生きるために「もの」を食べます。その「もの」は動物性であろうが植物性であろうが、食材はすべてが生き物の命です。他の命を食べることで命が生かされている。この世とは、どんな生き物も、すべて命のつながりによって生きています。すなわち食物連鎖によって、どの命も存在しています。他の命の死が他の命の生を保っているのです。それでは、食物連鎖であるならば、殺生ということがあるのでしょうか。地球上のすべての命の生滅は、命の連鎖にもとづいているから、食物連鎖には殺生がないということでしょう。ところが人間に限ってはその連鎖を自然なものと認めないから、そこに殺生が生じます。したがって不殺生が問われることになります。

大宇宙の生命力が地球のすべての生命を生かしています。すべての命は悉《ことごと》く仏です。それで仏である命を食べるから、その命の仏に「いただきます」と言います。

懺悔とは、不殺生なり

二千五百年前のインドにおいて、お釈迦様は乾季に限り遊行されました。そして、お釈迦様の僧団は雨季には一箇所に集まって建物の中で修行しました。これは、虫の活動が活発になる雨季には無意味な殺生を最小限にするという意味もあったそうです。それで、極力外出や歩くことを控えられたのでした。不殺生を生きることが修行の根本にあったからです。

禅宗では信者からの施食によって露命をつなぐことが建前です。それで食事については常に感謝の意を表し、食事を受ける者の反省と向上の誓いを述べます。また、受けた食事を餓鬼にも分かち与えるというしきたりがあります。インド伝来のもので、食事に先立ってご飯粒を七粒ばかり卓上に置く生飯《さば》や、洗鉢《せんぱつ》（食器を洗う）に用いた水を半分自分が飲み、半分を餓鬼のために折半します。こうした食事においての姿勢は、すべからく不殺生の精神を常に忘れないようにということから行じられています。

この世はすべての命がつながって命が生かされている共生の世界です。すべての命を生かすことが「不殺生戒」です。人には慈悲心があるから懺悔《さんげ》します。懺悔によって人は不殺生を生きることができるのでしょう。

不殺の生

一杯の水は多くの動物や多種多様の植物を育てている宇宙のしずくです。一杯の水も、米一粒も無駄にしてはならない。「ご飯を炊く際には、鍋を自分そのものだと思い、米を研ぐ時には、水を自分自身の命そのものと考える」それは、「食とは命をいただくこと」を意味しているからです。にんじん、米、豆も、肉も魚も命です。命をいただくから、命の仏に「いただきます」と言います。

殺生とは生き物を殺すことで、生命あるものを殺すということは仏教の罪の中で、最も重いとされています。生き物を殺してはならないという「不殺生戒」は十戒の第一に挙げられ、出家者はむろんのこと、在家者もこれを犯してはならないとされています。

道元禅師が、ご本師、如浄《にょじょう》禅師から伝承された禅の教えにもとづく戒法の神髄を説いた教授戒文に、「十重禁戒あり。第一不殺生。生命不殺、仏種増長す。仏の慧命を続《つ》ぐべし。生命を殺すことなかれ。」とあります。人には自性清浄心と言われる仏心が本来そなわっており、戒法とはその覚醒をすることです。それを修得することが仏道です。

不殺生とは、ただ殺さないというだけでなく、その生命をより良く生かしきるという積極的な意味をも含んでいます。しかしながら現実の世には無数の「殺」があります。人類の歴史において殺しのない日は一日としてありませんでした。未来において殺しのない日があることを願いたいものです。

いただいた命は尊く、その命の尊厳を傷つけたり、殺したりすることはできません。だから不殺生とは生あるものを殺さぬと読まないで、「不殺の生」殺しのない生、「殺」という文字すらない「生」のみの生が不殺生です。殺生しない、殺生させない、これが不殺生ということでしょう。

生き物を（みずから）殺してはならぬ。また（他人をして）殺さしめてはならぬ。また他の人が殺害するのを容認してはならぬ。世の中の強剛な者どもでも、またおびえている者どもでも、すべての生き物に対する暴力を抑えて。「スッタニパータ三九四」

「かれらもわたくしと同様であり、わたくしもかれらと同様である」と思って、わが身に引きくらべて（生き物を）殺してはならぬ。また他人をして殺させてはならぬ。

「スッタニパータ七〇五」

盗むことなく盗まれることなきは楽しい、なぜならば気楽に生きられるから

第二不偸盗戒（ふちゅうとうかい）

第二不偸盗

心境如々にして解脱の門開くなり。　教授戒文

憤懣やるかたなし

成人式の晴れ着を予約していたが、着れなかった。晴れ着のレンタル会社が経営に行き詰まったようで、晴れ着を提供できなかったのです。契約者である新成人に事前に通知があって、晴れ着が準備できないことがわかっておれば、新成人もそれなりに対処できたのですが、被害者はとても悔しくて悲しかったことでしょう。悪質な詐欺行為とみなされて、成人の日の出来事でもあり社会問題になりました。

人の情けを逆手に取り、哀れな人にお慈悲の心でお恵みくださいと言わんばかりの寸借詐欺はよくありますが、一人暮らしの高齢者が増えたので、それにともない言葉巧みに多額の金銭を騙し取るオレオレ詐欺も横行しています。

姿なき泥棒が暗躍しています

最近では現金を支払いに用いることがしだいに少なくなりつつあり、クレジットカードやスマートフォン決済が多くなってきました。それにつれて姿なき泥棒が暗躍して、電子決済での新たな犯罪が生じています。

他人の暗証番号を盗み取り、口座から金を引き出してしまうという国際的なネット犯罪も起きています。暗号通貨とか仮想通貨と言われるものがネット上で流通しています。決済通貨というより投機の対象にもなっていることから、多額の電子貨幣がネット上で流通しています。現金に換算すると、五百億円を超えるネット上での窃盗事件も発生しました。

他社の技術を盗んだり、著作権とか商標登録や特許権が侵害されるというのは近代社会の犯罪ですが、近年のネット社会では新たな犯罪が生じています。他人や他社のパソコンに侵入して、情報を盗み取る事件が多発しています。高度なセキュリティーによって保護されているはずの軍事情報や、兵器の技術情報までもが盗まれている。ハッカーがパソコンに侵入して、情報を盗み取ったり、改ざんしたり、パソコン機能を麻痺させるという犯罪はネット社会の犯罪です。

キャッシュレスの時代になれば空き巣狙いもなくなるかもしれませんが、窃盗被害が多発しています。防犯灯や防犯カメラを設置しておけば、盗もうとする気持ちのある人も思いとどまって、窃盗しないかもしれません。施錠しておれば侵入できないから、窃盗も防げるでしょう。用心せずにスキをつくると犯罪を誘い込んでしまうようです。

姿なき泥棒であるネット犯罪は罪の意識が小さいかもしれませんが、犯罪である限り、自身の心は安穏でないでしょう。泥棒家業ではリスクが大きくて、それでは飯が食えないはずです。ところが労少なくして収穫を得るという妙味を覚えると、悪事が止められなくなるのでしょう。再犯により刑務所暮らしが長くなって、人生を狂わせてしまったという人が増えています。防護ネットで獣から作物の被害は防げますが、人間の犯罪は、防犯カメラ、防犯灯、ネットガードでは防ぎきれないようです。

スイスに旅行中の日本人が財布を落としたが、無事に本人のもとに返って来たそうです。スイスでは電車で忘れ物や落とし物をしても、拾得者が届けてくれるから持ち主に返ってくるそうです。日本も人々の良心が失われることなく、安心安全社会は健在でしょうか。

「壁に耳あり障子に目あり」とか「お天道様が見てござる」とは、ご先祖様に申し開きのできないような恥ずかしい行いは慎むべきであるということです。古来より日本人にはこうした倫理が働いていましたが、最近では希薄になってきたようです。

心境如々にして解脱の門開くなり

秋野菜の種まきの頃が高温であったがために、そしてその後も日照時間が足りないと、大根や白菜が不作になり野菜が高騰します。あちらこちらで畑から野菜が盗まれる。農家の方からすれば丹精込めてつくった収穫前の野菜が盗まれるとは、憤懣やるかたなしというところでしょう。

花が咲けば蝶も蜂も蜜を吸いにやってくる。蝶や蜂には花の受粉を助けようという意図はなく、その味わいのみを取り、色香は損ないません。大自然においては盗むとか奪うということはなく、すべてがあるがまま、ありのままであるのに、人間は自然の中に楚々として咲いている山野草を見つけるとそれを採取してしまいます。天然記念物や希少生物までも盗み取ろうとします。

「第二不偸盗、心境如々にして解脱の門開くなり」。これは盗みについて道元禅師の示された戒法です。人間は盗んだり奪ったりしますが、盗みや略奪と全く無関係であるところが大自然です。山川草木、風や雨、大自然では盗むということが全くない。

自然界は森羅万象、すべてが自ずからの世界、悉《ことごと》くが真理の現われである仏の世界であるから、盗む、盗まれる、などということは、本来全くないところです。

日々懺悔して、自分の心を清らかにしておく

ちょっとした心の緩みから、店頭の商品を万引きしてしまったと、著名な方の万引き報道が流れる。また、最近の子供や若者は、ゲーム感覚で万引きをするのかもしれません。見つからなければよいと、罪悪感を持ちながらも軽い気持ちで盗んでしまうようです。

戒法の教では、もし一本の針を盗み、一茎草《いっきょうそう》を盗むとあなたの周りが地震のようにぐらぐら揺れ動くとされています。盗みを働くと自暴自棄になり、苦しみの深穴のどん底に落ちてしまうから、盗もうとする心が働いても自制すべし。たとえ盗みなどの不正を重ねていても、悔い改めて本来の自分を見失うことなきようにと教えています。

人は仏の素地をもって生まれてきたから、本来人は悪しきことをしないものです。けれども自分自身が仏であることに気づいていません。欲望のままに甘い誘惑に誘われ、ついつい悪しき道に入ってしまう弱い心も人は持ち合わせています。

たとえ悪事によって幸せを得ようとしても、けっして幸せになれない。なぜならば人には仏心があるからです。必ず罪の意識にさいなまれて、あがき苦しみ続けることになるからです。しっかりとした信念を持っていないと、ややもすれば人は自分勝手なわがままなふるまいをして、悪しき道に流れてしまいます。

欲望を自制できず、また誘惑に負けて悪事に流れてしまいそうな心のブレを絶えず自分で軌道修正していかねばなりません、これが懺悔です。とかく悪しき道に流れてしまう弱い心の自分であっても、心掛けしだいで変われます。日々懺悔して、自分の心を清めようと努めればよいのです。

善き生き方を心掛けよう、善き生き方に喜びを見い出そう、この思いが大切です。そういう生き方の中に、悪しきことをしようとしてもできない自分、善きことを進んでやれる自分がしだいに培われていきます。つまり仏さんらしい人間になっていくのです。

次に教えを聞く人は、与えられていないものは、何ものであっても、またどこにあっても、知ってこれを取ることを避けよ。また（他人をして）取らせることなく、（他人が）取り去るのを認めるな。なんでも与えられていないものを取ってはならぬ。

「スッタニパータ三九五」

盗みを行ってはならぬ。虚言を語ってはならぬ。弱いものでも強いものでも（あらゆる生き物に）慈しみを以て接せよ。心の乱れを感ずるときには「悪魔の仲間」であると思って、これを除き去れ。

「スッタニパータ九六七」

邪な欲望をいだかないことは楽しい、なぜならば気楽に生きられるから

第三不貪婬戒（ふとんいんかい）

第三不貪婬（ふとんいん）
三輪清浄《さんりんしょうじょう》にして希望《けもう》するところなし、諸仏同道《しょぶつどうどう》なるものなり。　教授戒文

邪な欲望をもって道を進めば間違いとなる

社会問題にもなる醜いうわさは、後を絶ちません。財務省の事務次官がセクハラ疑惑で辞職しました。県知事が援助交際をしていたと批判され辞職されました。国会議員が不倫疑惑をマスコミに報道され、議員を辞職しました。いずれも週刊誌が著名人のスキャンダルとして読者の興味を惹くように報じて、テレビが茶の間の話題として提供するから、庶民の知るところとなりました。

俳優など著名人の不倫や浮気について、週刊誌やテレビが相も変わらず日替わりで話題を報じています。

つる草のごとく愛欲は茂る

江戸の瓦版から始まって、週刊誌やテレビの今日に至るも、不倫や浮気のうわさ話は昔も今も人々の関心を集めています。

男女の道を踏み間違うことなかれで、邪な欲望をもって道を進めば間違いとなるとは、男と女の関係についての戒めですが、これは古今東西を問わず人間の課題です。ところが不倫や浮気という男女の間柄のことは、社会構造の変化やライフスタイルの変貌によって、一昔前とはかなり様子が異なってきたようです。

不倫も浮気も「人の道を外れる」という行為でしょうが、古くは男の甲斐性とされて容認される風潮がありました。けれども男尊女卑だということから、現代では許されないこととされています。男女平等の時代では女性の地位や立場も向上してきたからか、女性の不倫や浮気が増えてきました。

不倫や浮気に走るのも、その背景には平均寿命の延びがあると言われています。一昔前では人生五十年時代で、子孫を産み育てることで人生を終えたのです。ところが今は人生八十年で、格段に増えた時間をどう充実させるか、性に関わる生き方の問題です。高齢者は性とどう向き合っていくべきかということは、人生八十年時代の課題です。

離婚率も高くなりました。三分の一の離婚率とは、結婚したカップルに対する離婚に至った夫婦との対比のことです。若い世代の離婚率が高くなっていますが、熟年離婚ということもよく耳にします。離婚に至った原因としては性格の不一致が最も多く、不貞行為を含む配偶者の異性関係、経済的なこと、暴力・DV、両親との折り合い、子供への愛情、出産、単身赴任などで、離婚理由はさまざまです。

日常生活で満たされない何かがあると感じている人は、身勝手な行動に走りがちです。さみしさを満たそうとして、他の異性とのふれあいを求めてしまいます。それが度重なるうちに離れられなくなってしまいます。そして平穏な日常に波風が立ち破滅に陥ってしまうのです。心の傷をなめ合うという程度を超えてしまうと深き悩みにつながります。

「この世にて、毒にみちたる、はげしき愛欲に、うちまけたる人には、かの生い茂る、ピーラナ草のごとく、憂苦《うれい》いよいよ増しゆかん」（法句経三三五）

二千五百年前のインドで、お釈迦様は愛欲による苦しみについて、愛欲に陥った人は、生い茂っているピーラナ草のように、憂いと苦しみがますます募るであろうと戒められました。けれども、なかなか断ち切れない愛欲という煩悩も、克服してゆけば、蓮の葉よりこぼれ落ちる水滴のように、その憂いと苦しみは消え去ると教えられました。

二人の絆

「心の悩み・人生相談」で愚僧のところへ、ご夫婦やパートナー、そして男と女の間柄のことでの悩みごと相談があります。ところが他人である第三者には男と女それぞれの心の奥深いところのことまではわかりません。夫婦でも、パートナーでも、男と女の間柄は、お互いが二人の絆を強く保つように努めなければ、その関係はとても壊れやすいものです。

強い絆の保ち方とは、次の五つの条件が満たされることかもしれません。

一、お互いを大切に思い、愛し合う努力を惜しまないこと
二、お互いに心身ともに相性をより好くしていきたいと願うこと
三、精神的にも、経済的にもお互いを必要とし合うこと
四、信頼し合えるように、お互いが心掛けること
五、お互いに尊敬し合う心を忘れないこと

この五つの条件を満たすために、お互いの努力があれば、ご夫婦、パートナー、男と女の間柄の絆は強く保たれるでしょう。けれども、どちらかが怠ればたちまち絆に緩みが生じてしまいます。脆きは人と人の絆ですから、絆を強く保てるか否かはこの五つの条件が目安になるでしょう。そのためにはお互いの努力や工夫が欠かせません。

深い真理の味わいがわかれば、その楽しさは他のいかなる楽しさにも勝る

この世とは共生の世界であるから、自分がこの世に生まれてきたということは、自分がこの世にとって必要だということです。自分が今存在しているのは、自分がこの世にとって今必要とされているからです。したがって、男と女が出会って、共に手を携えて他に必要とされる生き方ができれば、他から感謝され尊敬されるから、共に生きていることが、とても幸せであると感じられるでしょう。

世の中とは共に生きていくところですから、共に生きていけるという人の存在が必要です。男と女が出会いに始まり、その人と共に生きることで、他とのつながりが広くなり、社会に貢献できるでしょう。

他の幸せを願う利他の生き方で共に人生を歩むことができれば、それは素晴らしいことです。愛欲により憂いと恐れが生じるというけれど、愛欲によって人生が豊かなものになるのです。

諸仏同道とは、諸仏と一緒に道行《みちゆき》しているということです。一人は自分、もう一人は仏様です。すなわち、煩悩に揺り動かされてしまいがちな邪悪な自分であるが、仏性がそなわった清浄の自分でもあるのです。自性清浄心という、生まれながらにそなわる仏心があ

るから、邪悪な自分の行動にブレーキをかけることができます。自性清浄心を取り戻すことによって心の安らぎを得ることができるのです。

心の貧しさに気づき、懺悔する心を保つことが大切です。不貪婬戒とは、不邪婬戒とも言いますが、愛欲に執着して愛欲にのめり込んではいけない、欲しいままに道ならぬ欲望の満足を望んではいけないということです。

愛欲を離れて自分自身の自性清浄心に気づき、仏法すなわち深い真理の味わいがわかれば、その楽しさは他のいかなる楽しさにも勝るでしょう。

むさぼるなかれ、争いを好むなかれ、愛欲に溺るるなかれ、
よく黙想し、放逸ならざれば、必ず心の安らぎを得ん「法句経二七」
愛より憂いと恐れを生ぜん、愛より全き自由を得たる人に憂いも恐れもなし「法句経二一二」
欲楽より憂いと恐れを生ぜん、欲楽を超し人に憂いも恐れもなし「法句経二一四」

第四不妄語戒 （ふもうごかい）

うそ偽りを語らず、行わぬことは楽しい、なぜならば気楽に生きられるから

第四不妄語

法輪本より転じて剰ることなく欠くること無く、

甘露一潤、実を得、真を得るなり。　教授戒文

うそも方便というけれど

　森友学園への国有地払い下げや、特区における加計学園の獣医学部新設において、官僚の忖度（そんたく）によって公文書が不正に書き換えられ、事実が隠蔽されたのではないかという疑惑が浮上して、長期にわたり国政が紛糾するという事態が続き、日本の政治に対する国民の信頼が失墜しました。

　また、国際平和維持のための自衛隊海外派遣に関する防衛省の日報の存在が問題となりました。すでに破棄されたと報告されていたものが存在していたために、防衛省の報告がウソであったということで、管理責任が問われました。日本の国際平和維持に貢献するこ

との意義や国防についての憲法上の対応策はそっちのけで、官僚の虚偽報告が問われ、国民の不信を買うことになりました。

大手鉄鋼メーカーが企業ぐるみで製品品質の虚偽を行っていたことが発覚し、重大な企業犯罪であるという批判を受けました。大手自動車メーカーでも排ガス数値を隠蔽して出荷したり、排気ガス規制基準に適合しているか否かの検査体制に不正がありました。建設業界では不当な価格協定や不法建築などの不正が発覚するなどの事象が後を絶ちません。

政治や行政における不正、企業活動における虚偽行動、そして人間関係でのうそ偽りなど、そうした行いは多岐にわたり古今東西を問わず、絶えることがありません。人間社会では、うそ偽りが付きものなのでしょう。

戦国時代では奇計、奇策など、味方をも欺くような奇略があった。明智光秀は「仏のウソを方便といい、武士のウソを武略という」と言いました。本能寺の変の後、天下の覇権をめぐって、戦われた山崎の合戦では、その明智光秀も羽柴秀吉による奇略で敗北しました。秀吉は多くの大名が光秀の味方をしないというウソの誇大情報をもとに明智光秀を心理的に追い詰めた。明智光秀は情報戦で敗北を期したのです。情報を制するものは戦いを制すということで、戦場では計略の応酬が盛んでした。それは少数の集団が多数の集団に勝つための戦術でもありました。

　第一回目の米朝会談後、トランプ米大統領は安倍総理に、「百パーセント、シンゾーを信頼しているから、一緒にやっていこう」と述べたという。「私は北朝鮮に騙されない。一九九四年から拉致問題に取り組んできたが、何度も騙されてきた。北朝鮮の騙しの手口はわかっていると」と安倍総理は強調されたという。

　米朝首脳が握手したことで朝鮮半島における戦争の危機はひとまず回避されたようですが、核やミサイルが排除され、拉致された人々が家族のもとに帰り、北朝鮮の人々も人権抑圧がなくならない限り、真の平和を確実にすることはできないでしょう。

　大きなものも、小さなものも、それなりに包むことができるから風呂敷は便利なものです。うそも方便とは風呂敷みたいなもので、時には上手くことを納めたかのように包んでしまうことです。うそ偽りであっても白黒はっきりとさせないほうがよいということも、ことによってはあるようで、玉虫色の解決とは、うそ偽りであろうがなかろうが、それを明確にせずに、大風呂敷で包んでしまおうとするものです。不妄語とは、うそ偽りの言葉を語るなということであり、うそ偽りの行為をもしないということです。

人間を騙せても、自然を騙すことなどできません

自然界は、すべてが真実真理のありのままが露呈したところであり、うそ偽りなど全くありません。ところが、人間はうそ偽りの行為をもって自然をゆがめています。それは自然環境の破壊であったり、生態系を乱したり、破滅させたり、遺伝子組み換えなど、種そのものを変えてしまうことさえ人間は行っています。真理に対する反逆行為です。

人間社会では、巧みな騙しのテクニックをうまく使い分け、金品を騙し取るという犯罪があります。けれども、悪智慧を働かせ、騙しの巧妙さで人を騙せても、自然を騙すことなどできません。自然はそのままに真理のあらわれであるから、醜い人間の騙し根性を駆使しても、結局は自然を騙すことなどできない。だから自然の道理に逆らったら、必ずしっぺ返しがあります。

「お天道様が見てござる」とか、「ご先祖様に恥ずかしくない行いをしなさい」という倫理が日本人にはあります。うそ偽りで人を騙せても、お天道様を欺くことはできません。「壁に耳あり障子に目あり」ですから、危うい人の心理を自制して、うそ偽りの行動を自重せよということです。うそ偽ると息苦しくなるから、自戒の念が働きます。不妄語戒とは、己の仏心に正直であれということでしょう。

うそ偽りもなく自然体で、人の心を潤す真心のこもった言葉を語る

朝に太陽は東より昇り、夕方には西に沈む、天地自然にうそ偽りなどありません。人も自然体で、あるがままに、うそ偽りなく生きておれば気楽に生きていけるのに、虚勢を張ったり、うそ偽りで誤魔化そうとすれば、息苦しい生き方をせねばならなくなります。

うそ偽りを重ねていると、いつしかそれに慣れっこになってしまい、平気でうそ偽りの言葉が出てしまうようになる。うそつきは泥棒の始まりで、うそ偽りが日常化してしまうと、悪いことだという認識すら薄れてしまいます。

企業でも、虚偽の行動や隠蔽体質が日常化してしまうと、企業ぐるみで消費者や顧客に不正な商品を出荷し続けてしまい、発覚すると信用失墜から企業は存亡の危機に陥ってしまいます。不妄語とはうそ偽りを言わないということですが、うそ偽りの不正な行為をもしないということです。企業が顧客に消費者に社会に、国が国民に対して、あるいは国際社会では他国に対して、ということでしょう。

人が人を騙《だま》せても、お天道様である仏を欺《あざむ》くことなどできません。うそ偽りのないこの世に生きているのだから、不妄語すなわち、人を騙してはいけない、うそ偽りを言わない、うそ偽りの行いもしないということが、素直な生き方であり、自然体の生き方です。

道元禅師は不妄語戒について「法輪本より転じて剰ることなく欠くることなし、甘露一潤、実を得、真を得るなり」といわれました。

自然界にはうそ偽りというものは微塵もありません。悉《ことごと》くが真理の現われであるから、うそ偽りなど何処にも見当たらないのです。ところが同じこの世に生存している人間には煩悩があるから、人間界にはうそ偽りがあります。

人間には自性清浄心があるから、本来はうそ偽りのない真実人体です。うそ偽りを語っていると、心苦しさを感じるようになり、それで猛省し懺悔して、うそ偽りを語らない自己に立ち返ることができる。愛語、すなわち人の心を潤すような真心のこもった言葉を語れば、日々安泰であるということでしょう。

自分を苦しめず、また他人を害しないことばのみを語れ。

これこそ実に善く説かれたことばなのである。　「スッタニパータ四五一」

安らぎに達するために、苦しみを終滅させるために、仏の説きたもうおだやかなことばは、実に諸々のことばのうちで最上のものである。　「スッタニパータ四五四」

第五不酤酒戒（ふこしゅかい）

第五不酤酒
未《み》将来も侵さしむることなかれ、正《まさ》にこれ大明《みよう》なり。　教授戒文

酒は涙か、ため息か

藩主黒田長政は、福島正則のところに年賀の使者として、家来の母里太兵衛友信《もりたへいとものぶ》を遣わしました。酒好きの福島正則は杯をみごとに飲み干したとして、豊臣秀吉から賜った日本一の槍（日本号）を褒美として、母里太兵衛友信に与えた。黒田武士として名高い母里太兵衛友信は後藤又兵衛と並んで、黒田藩きっての大酒豪であり、槍の名手でもあった。

「酒は呑め呑め呑むならば　日の本一のこの槍を　呑みとるほどに呑むならば　これぞまことの黒田武士」。この黒田節は酒席でよく歌われる民謡です。

しんみりと飲むうちに、口ずさむ歌があります。

「酒は涙か溜息か、こころのうさの捨てどころ……酒は涙か溜息か、かなしい恋の捨てどころ」高橋掬太郎作詞、古賀政男作曲で、藤山一郎の歌唱による昭和の名曲「酒は涙か溜息か」です。

酒がはいると憂いが増します。

「ひとり酒場で飲む酒は、別れ涙の味がする。飲んで棄てたい面影が、飲めばグラスにまた浮ぶ」この「悲しい酒」は、石本美由起作詞、古賀政男作曲で、美空ひばりが歌いました。酒は歌を誘い、歌がまた酒をすすめます。

河島英五の「酒と泪と男と女」の歌詞です。

「忘れてしまいたいことや、どうしようもない寂しさに、包まれたときに男は酒を飲むのでしょう、飲んで飲んで、飲まれて飲んで、飲んで飲みつぶれて眠るまで飲んで、やがて男は静かに寝むるのでしょう」とあります。

うれしい時も、悲しい時にも、人は酒を飲み歌います。

人はよく酒を飲みます。故人を偲んで飲む酒、祝いの酒、社寺に詣でていただく御神酒、寒さをしのぐ酒、寂しさを紛らわす酒、友や人との付き合い酒、喜びの酒、元気付けの酒、酒はいろいろです。

人はじめに酒を飲む、やがて酒、人を飲む、ついに酒、酒を飲む

酒好きを上戸といい、酒が呑めない、酒が好きでない人のことを下戸といいます。酒好きであろうが酒嫌いであろうが、ことあるごとに人は酒席に向き合うことが多いのです。酒は人の性格をあらわにします。泣き上戸があれば、陽気になっての笑い上戸、愚痴や他人の人物評価を繰り返す人もあります。

深酒を重ねていると酒で体調を崩してしまいます。酒好きが過ぎると財を失うことにもなる。酒が進むと大声を出したり怒ったり、人と争う人もあり、厳に慎むべきことです。

「白玉の歯にしみとほる秋の夜の酒はしづかに飲むべかりけり」

「それほどにうまきかと人のとひたらばなんと答へむこの酒の味」

旅と酒の歌人であった若山牧水の歌です。だが若山牧水は、酒で寿命を縮めてしまった。酒を好んだ若山牧水も過ぎたるは健康に悪しだったのです。

一杯は人、酒を飲む。

二杯は酒、人を飲む。

三杯は酒、酒を飲む。

酒で自分を見失うことなく、楽しく味わい、上手に酒は飲むべしということです。

不許葷酒入山門

寺の山門付近で、「不許葷酒入山門《くんしゅさんもんにいるをゆるさず》」の石碑を目にされたことがあるでしょう。葷酒山門に入るを許さずとは、「酒の匂いをさせて山門をくぐるべからず」という意味です。さらには「葷＝くん」とは、酒や、強い香りのするものをさします。臭い匂いのする野菜と、酒は、修行の妨げになるので、寺の中に持ち込んではならない、ということです。

葷は辛味や臭味のある野菜で五葷、五辛ともいい、ニラ、ネギ、ニンニクなどの臭い野菜や精力のつく辛い野菜で、それを食べることによって生ずる色欲や怒りの心を避けるため、食べることが禁じられました。葷は中国、日本では鳥獣魚肉などをも意味します。

酒類とは、日本酒、ビール・ワインなどの醸造酒。焼酎・ウイスキーなどの蒸留酒。それに梅酒などの混成酒などさまざまです。

米、麹糀、水、熱でつくられる酒自体に罪はないのですが、酒は飲む者によって、いろいろなちがいが生じてしまうことから、寺では「不許葷酒入山門」と訓戒しています。

酒はともすれば自分の心を見失わせてしまうので、修行者は飲むことを禁止された。それで寺では、山門の前に「不許葷酒入山門」の石碑である戒壇石《かいだん》、（禁牌石《きんぱい》、結界石《りっかい》ともいう）を建てて、僧侶の戒めとしています。

無明の酒に酔うなかれ

「無明」とは迷いのことで、無明の酒に酔うなかれということですが、人はついつい油断すると、心の迷いの酒に酔ってしまいがちです。無明の酒に酔うとは、酒のみならず、思想や宗教にはまり、邪悪な行動に走ることをも含みます。

いただいた仏の命を酒や薬物や賭け事に溺れさせてはならない。悪い思想や邪《よこしま》な宗教に溺れて、身を滅ぼす愚かな生き方をすべきでない。これが不酤酒の意味するところです。

不酤酒の教えには、無明の酒の売り買いをするなという意味があります。邪な宗教を信じていると迷い苦しみに陥ることとなる。また邪な思想にかぶれると、自分も家庭も壊してしまう。無明の酒である邪な宗教も邪な思想も、自分も飲まず他人にもすすめてはならないということです。

常に心の鏡が曇らぬように垢つかぬように、無垢清浄の心を保ち、自己を見失わないようにしたいものです。酒を飲むうちに酒に溺れてしまい、酒が人を飲むようになると、やがて酒が酒を飲み、自分自身を見失ってしまう。酒は自他ともに楽しくなるように飲むべきであり、酒を楽しむことで生活に潤いと励みが生じるならば、酒が人生のスパイスとして生きてくるというものです。酒を飲むことの心得とすべきでしょう。

生まれながらに本来清浄である不染汚《ふぜんな》の自己自身を、無明の酒に溺れて汚染してしまうことなかれ。酒のために不浄心になってはいけない、本来清浄心である自分自身の心を大切にしなさいという教えが不酤酒です。

「未将来も侵さしむることなかれ」とは、無明の酒を飲むことなかれということで、これを慎めば智慧明らかなり、すなわち、「まさにこれ大明なり」で、自性清浄心である本来の自己を保つことができるということです。

また飲酒を行ってはならぬ。この（不飲酒の）教えを喜ぶ在家者は、他人をして飲ませてもならぬ。

他人が酒を飲むのを容認してもならぬ。これはついに人を狂酔せしめるものであると知って。　「スッタニパータ三九八」

けだし諸々の愚者は酔いのために悪事を行い、また他の人々をして怠惰ならしめ、（悪事を）なさせる。この禍いの起こるもとを回避せよ。それは愚人の愛好するところであるが、しかし人を狂酔せしめ迷わせるものである。　「スッタニパータ三九九」

人の過ちをいいふらさないことは楽しい、なぜならば気楽に生きられるから

第六不説過戒（ふせっかかい）

第六不説過

仏法の中において同道・同法・同証・同行なり。
過《とが》を説かしむることなかれ、道を乱らせしむることなかれ。　教授戒文

なにげなく放った一言、その一言が深く刺さって、傷ついてしまう

早朝の小鳥たちのさえずりは心地よいものです、静寂を破るモズの一声にも趣があります。小鳥たちは他をけなしたり、悪口をいったりしているとは思えないから、その鳴き声が美しく聞こえる。自然界には悪口や、誹謗中傷はないのでしょう。言葉を使うのは人間だけであり、人間は言葉によって進化してきましたが、ところが人間は他を傷つける言動もしてしまいます。

女性たちがおしゃべりを楽しむ井戸端会議は、昨今では喫茶店でコーヒーを飲みながらとか、ランチの一時をテーブルを囲んでというところでしょう。井戸端会議では近所の話

題が絶えません。放送局という人はどこにでもいるもので、誰々さんがこうだ、ああだと人に触れて回ることで、聞いた人がおもしろがれば、それが自分の楽しみであるという人のことです。

世の中は人間関係で成り立っているから、友達が楽しそうに語らっているところに入って、話の仲間に入れてもらおうとして、「何か楽しそうですね」と話しかけた時に、「あんたには関係ないよ」と言われると、グサリと心が痛みます。親友だと思っていたのに、実は嫉妬されていた、陰で悪口を言われていたというのはよくあることです。

人からひどいことを言われることがあります。「バカ」「アホ」「消えろ」「ムカツク」「ウザイ」などという失礼な一言、汚い言葉での屈辱、「おまえなんか産むんじゃなかった」とか「お兄ちゃんは可愛いけれど、あんたは可愛くない」などと、母親に言われると、人格を否定されたと受けとめてしまう。そういう言葉は心にグサリと突き刺さります。

傷心とは心の深い傷を負って、気持ちが落ち込む心の状態を指しますが、誰かの言葉にすごく傷ついた経験は誰にでもあるでしょう。

他の人の悪口を言ったり、けなしたり、また、いじめをしたり、パワハラの行動をしている人があれば、その人の行動をチェックしてみましょう。その人は、特定の人のみを対象にしてそういう行動をしているのか、そうでなく、複数の人を対象にしているのか、いずれであるかということです。

特定の人でなく、複数の人を対象としている場合には、そうした行動を取っている、その人自身に日常的に満たされない何かがあるから、それで不満のはけ口を他に求めて、そういう行動を取ってしまうようです。

また、自分が、他の人から悪口を言われたり、けなされたり、いじめを受けているという場合ですが、受けている自分の側からチェックしてみましょう。それは、特定の人からそういう行為を受けているのか、そうでなく、複数の人から受けているのか、ということです。

特定の人でなく、集団でのいじめでもなく、複数の人からであれば、自分自身に原因があるから、謙虚に反省して、自分の態度を改めなければなりません。

慧能《えのう》禅師があるお寺の門前に来られた時のことでした。二人の僧が声高に問答をしていました。それは山門の上に掲げられた幢《はた》を見て、一人の僧はあれは幢がなびいていると、もう一人の僧は風が幢をなびかせているという。

それを聞いていた慧能禅師は幢がなびくのでもなく、風がなびかせているのでもなし、お二人の心が揺れ動いているのだと喝破されました。己に自信がないから他を批判してしまうということもよくあることです。

心が不安定であると、人の過ちを問うことのみに気持ちが動いてしまい、己の心が揺れ動いていることに気がつかないものです。

相手はなにげなく言っただけかもしれませんが、ふと投げかけられた言葉で心が傷ついてしまうことがあります。人の心は繊細なものですから、なにげないその一言が深く突き刺さって長い間消えない傷となってしまうことがあります。

それでは、どんな言葉にも傷つかないでいるにはどうすればよいのでしょうか。最善の策は「気にしないこと」に尽きます。気にしなければ無害ですから、風に揺れるスキのように、さらりと聞き流すのがよい。うまく受け流す力を身につけたいものです。

不説過戒とは、他人の過《あやま》ちを責めたてることなかるべしということですが、他人の過失は見やすいけれども、自分の過失は見難いものです。それで、自分のことはさておいて、他人の過ちをとがめない、他人のしたこと、しなかったことを見るな。ただ、自分のしたこと、しなかったことだけを見よということでしょう。

不説過戒とは、人の過ちを言いふらすなという戒めです

了見の狭い人は、他人の過ちや欠点を非難するとか、誹謗中傷、悪口を言ったり暴言を吐いたり、そしったり、そういうことを言うことによって快楽を覚えているのかもしれません。そうであるならば、それは人間の醜い性《さが》です。言葉一つで人を傷つけてしまうのですから、言葉とは恐ろしいものです。

人が言葉で相手を傷つける時は、その背後にその人がかかえている不安心やストレス、疲れ、心の傷、余裕のなさ、などがあるはずです。心が穏やかであれば、人を言葉で傷つけたりしないばかりか、相手の苦悩に寄りそって、同情心さえをも向けようとするでしょう。人には生まれながらに仏心がそなわっています。したがって本来の自分とは、他人をののしったり、けなしたりしないものです。

愛語によって人の心を穏やかにしてさしあげたり、元気づけたり、言葉は人の命をも救う力さえ持っています。静かに穏やかに話しかけ、その人にも善なる心が芽生えるように説いてあげ、褒めてあげると、その人に眠っていた、その人が本来宿している仏心（自性清浄心）がよみがえってくるかもしれません。

ノーベル賞を受賞された京都大学の本庶 佑博士は京都大学で開かれた会見で「癌が治

った人に、あなたのおかげだと言われると何よりもうれしい。さらに多くの人を救えるよう研究を続けたい」と喜びを語られました。

真実を求め、真実に生きようとする向上心のある人は、広大無辺の境界に生きることを理想とします。この世は共生の世であると認識している人は、他を幸せにすることが自分の幸せにつながるという、利他心を忘れずに生きようとします。

言葉の使い方において「説過せしむることなかれ、乱道せしむることなかれ」。不説過戒とは、人の過ちを言いふらすなという戒めです。

他人の過失をみるなかれ、他人のしたこと、しなかったことを見るな。ただ、自分のしたこと、しなかったことだけをみよ。　「法句経五〇」

他人の過失は見やすいけれども、自分の過失は見がたい。
人は他人の過失を籾殻のように吹き散らすが、自分の過失は隠してしまう、
悪賢い賭博師が不利な骰《さい》の目をかくしてしまうように。　「法句経二五二」

第七不自讃毀他戒（ふじさんきたかい）

第七不讃毀自他
乃《ない》仏乃祖尽空《じんぐう》を証し、大地《じ》を証す。
あるいは大身を現ずれば空《くう》に中外《ちゅうげ》なく、
あるいは法身を現ずれば地に寸土なし。

教授戒文

褒められるより毀《そし》られるな

グローバル企業のトップでもある日産自動車のカルロス・ゴーン会長が有価証券報告書の虚偽記載の疑いで逮捕されたという報道が世界中を駆け巡りました。経営破綻寸前の日産を救ったゴーン前会長ですが、権力が集中し過ぎたためにガバナンス（統治）の負の側面が出たという説明が会社側からありました。フランスのルノーとの関連で、経営権をめぐるつばぜり合いもあるようです。有価証券報告書の虚偽記載については、あまりにも高額な役員報酬は日本では馴染まないということもあって過少表記につながったと言われています。だが、自分を誇示するための私的な用途に会社の金が流れていたとか、自分の実績を誇張した本を出版するなど、ゴーン前会長は自己顕示欲もかなり強いお方のようです。

「実るほど頭を垂れる稲穂かな」という言葉がありますが、経営の神様と称された松下幸之助さんは、謙虚さを忘れてはいけないということを口癖にされていました。

またミスター合理化として臨調に辣腕《らつわん》をふるわれた土光敏夫さんは、質素な生活をされていたので、メザシの土光さんとして親しまれました。

企業は人なりで、従業員を大切にし、経営者は謙虚であり質素であるべきだとする日本の経営哲学とは対照的に、ゴーン前会長はコストカッターと呼ばれ、従業員をコストとして切り捨て、株主の利益を優先させ、経営者報酬は高額であるべし、という日本にはなかった経営手法を用いました。

「褒められるより毀《そし》られるな」とは、他人から褒めたたえられることよりも、まず非難されないように身を処すべきであるということです。慢心がいつしか欲心を制御できないところに来てしまったら、それをたしなめて意見する者もいなくなってしまい、社会的制裁を受けることになったのでしょう。

慢心とは、自慢する心

「自分の考えを唯一に思って、おごり高ぶる心」という意味の「我慢」が日常会話では、耐える、辛抱するの意味で使われています。もとは仏教語で、煩悩の一つで、強い自我意識から起こる「慢心」のことで「七慢」の一つです。その七慢とは次の七つです。

①慢・・・・劣った人に対して、自分の方が秀れていると思う心。
②過慢・・・自分と等しい人に対し、自分の方が秀れていると思う心。
③慢過慢・・相手の方が秀れているのに、自分の方が秀れていると思う心。
④我慢・・・自分の考えを唯一に思って、おごり高ぶる心。
⑤増上慢・・まだ悟ってもいないのに、悟っていると思い込む心。
⑥卑慢・・・人よりはるかに劣っているのに、あまり劣っていないと思う心。
⑦邪慢・・・悪事をしても、罪の意識ももたぬ思い上がりの心。

自分を褒めて他人をけなす、そうすると自分の評価が高まると思っているかもしれませんが、自分に自信がないから、あえて自分のことを誇張したがるのでしょう。自分のことを褒めてほしいから人に褒められる前に自分を褒める。ところがそれは、かえって自分の評価を下げてしまうようです。

おおらかであるべし

谷川のせせらぎ、青山上空の白雲、夕日に照る紅葉、竹林の静寂、道元禅師は「峰の色谷の響きもみなながら、我が釈迦牟尼の声と姿と」こう詠まれました。山川草木はそのままに妙なる真理の説法をしています。

雨奇晴好《うきせいこう》という言葉がありますが、晴れも好し雨も好しということです。ところが人間は、この花は綺麗だがこちらは好まないなどと、自分の思いでもって分別してしまいます。

自然界は生命の素の美しさに輝いています。人には本来の自己であるところの仏性がそなわっていますから、何も厚化粧することもないのに虚栄心という煩悩がそうさせる。背伸びすることもないのに、自慢心という煩悩がそうさせてしまう。それはすっぴんに化粧するようなものです。すっぴんに厚化粧すれば素の美しい輝きを消し去ってしまいます。

富士山を眺めているとその雄大さに見とれてしまいます。真白き冠雪の輝きに魅了され、裾野の広がりとあわせ、その雄姿になにやら誇らしきものを感じます。

また息を切らしてやっとの思いで登ってきた山の頂に立った時、眺望が開けて一面に広がる大自然の光景に我を忘れ、その美しさに自分も溶け込んでしまいますが、ふと我に返った時、自然界と一つになった自分が誇らしく感じることがあります。

春の芽吹きはみずみずしく生き生きとして、夏にはそれぞれの花を咲かせ、秋には木々が色づき錦織なし、冬は枝の霜や雪が朝日に輝き、みな美しい。自然界を褒めることもなく、毀《そし》ることもない、それは素の美、つまり飾らずとも美しいからです。

乃《ない》仏乃祖とは諸仏諸菩薩のことで、諸仏諸菩薩は大空に、大地に、すなわち三千大千世界にあますところなくお姿を現わしておられる。山川草木など自然の光景がそのままに諸仏諸菩薩の現われです。そのような広大無辺の世界に私たちは存在しているのですから、自分を褒めて、他人をけなすなどということは、まことにちっぽけなことです。

不《ふ》自《じ》讃《さん》毀《き》他《た》とは、讃は褒める、「毀」は、けなすということですから、自分のことを誇らず他人をけなさず、そういう意味になります。自画自賛という言葉がありますが、自分の気持ちとして、自分が自分を褒めるとしても、それは自分の内にとどめておいて、けっして他人を毀《そし》ることがあってはならないのです。

自慢話をしたり、手柄話をするのは、人情ですが、その響きはけっして美しいものではありません。やればやるほどに醜さが際立ってくるというものです。本当の人格者であるならば、語らずともその人の品位は表れています。自慢して、他人をけなすという狭い根性でなく、おおらかであるべしということでしょう。

正しき人の香りは四方に薫る

「花の香りは、風にさからいて薫ぜず、されど、善き人の香りは風にさからいて薫ず、正しき人の香りは四方に薫る」と法句経にあります。

世の中には、その人がそばにいるだけで周囲がなごみ、明るくなるような雰囲気を持つ人がいます。これは善き人のそばには、ちょうど、後光が照らすようにその周囲が明るくやわらぎ、そのかぐわしい香りがほのかに漂い、風に逆らってどこまでも滲みわたっていきます。私たちの周囲にもそんな徳の香りの高い人物はおられるでしょう。

自分をほめたたえ、他人を軽蔑し、みずからの慢心のために卑しくなった人、かれを賤しい人であれと知れ。　「スッタニパータ一三二」

「等しい」とか「すぐれている」とか、あるいは「劣っている」とか考える人、かれはその思いによって論争するであろう。
しかしそれらの三種に関して動揺しない人、かれには「等しい」とか「すぐれている」とか、あるいは「劣っている」とかという思いは存在しない。　「スッタニパータ八四二」

けちることなく、惜しむことなきは楽しい、なぜならば気楽に生きられるから

第八不慳法財戒（ふけんほうざいかい）

第八不慳法財
一句一偈、万象《ばんぞう》百草なり。一法一証、諸仏諸祖なり。
従来未だかって惜しまざるなり。　教授戒文

一文惜しみの百知らず

情け深い母親が息子の窮地を救おうとしてオレオレ詐欺に引っかかり、老いの生活のために蓄えていた虎の子をなくしてしまった。これはお気の毒な話です。ところが、「小利大損」という言葉がありますが、欲深い母親が箪笥《たんす》預金では増えないからと、巧妙な話に騙されて投資の誘いに乗せられ、お金をすっかり失ってしまったという話もあります。このご時世ではこういう事件が後を絶ちません。

嫁いだ娘さんが家を建てることになり、実家の母親に援助を申し出ましたが、母親は娘のおねだりに知らぬ顔をして、出し惜しみしていたところ、蓄えていたヘソクリを泥棒さ

んにすっかり盗まれてしまったという。こんなことだったら娘の願いに応じておけばよかったのです。そのことが原因で娘と実家とは疎遠になってしまったそうです。

目先の損得ばかりしか頭にない愚かさを、「一文惜しみの百知らず」といいます。わずかの金銭を出し惜しんで、後で大損をすることに気づかないという意味です。

物惜しみする人のことを吝嗇家《りんしょくか》といいます。けちの名人が吝嗇の極意を教わりたいという男に、木の枝にぶら下がるように命じた。「よし、片手を放せ」と言うので言われた通りにすると、今度はもう一方の指を一つずつ開けという。言われる通りに小指、紅指、中指と開いていって、とうとう人差し指と親指だけになったが、これも放せと命じられました。「これを放したら落ちます」といったら、人差し指と親指を丸めて、「そうだ、これだけは（お金）放すな」といった。これは落語の小咄です。

お金が貯まる一番の方法とは、入ったお金は出さなければよいのです。息子は、老いた母親が喜ぶだろうと、行くたびに金子をあげました、でも買物に行けなくなってしまったから、もらったお金はベッドの布団の下に全部残っていた。その母親は今はもういませんが、喜んでくれたあの笑顔は忘れられません。その金は孫の結婚祝いになったそうです。

生きているうちに、お金は上手に使いたいものです

金銭を使うことを嫌い、快適さや生活する上で必要なものの一部を犠牲にしてでも金銭やその他の財産を溜め込もうとするような人物のことを、けちな人という。

けちる、しぶるということを「一毛不抜《いちもうふばつ》」といいます。毛一本も抜かないという意から、極端に物惜しみすること、けちな人のことで、関西言葉では「がめついやつ」といいます。

海外のメディアはCEOの報酬とは高額なものだと報じていますが、日産自動車のCEOゴーンさんは高額な報酬を受けたから失脚したのでしょうか。

日本では巨万の富を得た豪商は水路を開いたり、鉄道を建設したり財を惜しみなく社寺に寄付したり、スポンサーとして芸術家を支援して作品を世に出させ、また美術品を収集し美術館を建て、後世の人々の鑑賞を可能にしました。

近年では財団を創設して科学医療文化の発展に寄与した人も多い。もしゴーンさんに、私財を世のために惜しみなく施すという善行があれば、私利私欲の塊のような印象もなく、リストラされて生活の窮地に立たされた多くの元日産の社員からも尊敬されたでしょう。

布施とは生かし合いの善行で、与える者と受け取る者との間柄のことです。けちることなく、惜しむことなく、貪ることなく、損を吸って得を吐く、これが布施行です。

儲けという字は、信という字と者という字を合わせたもので、信者とは顧客です。企業は経営活動として顧客に良い商品やサービスを提供します。客心適合しておれば、顧客はその企業を必要とし、顧客から感謝され、尊敬されるから、そこに自ずから儲けがついてきます。企業は顧客からご利益《りやく》というご加護をいただく、それが利益《りえき》だから企業活動が継続できるのです。

「一杯のかけそば」という話があります。大晦日に母と子はあたたかい一杯の蕎麦で空腹を満たすことができました。蕎麦屋の親父さんも、そのうれしそうな親子の顔に心温まるものがあり、お代にも勝るものを得ることができました。

「時そば」という話の方は、お勘定をする時に、お代を一文誤魔化せた客と、お代を余分に払うはめになった客の話ですが、いずれの客も、なんとなく腹のおさまりの悪さを感じたでしょう。

三つかけばお金が貯まるそうで、恥をかいて、義理を欠いて、汗をかけばお金は貯まるということです。入った金は舌でも出したくないという人がいますが、死んでしまえば出し惜しみもできないから、生きているうちに、お金は上手に使いたいものです。

すべてが宇宙からの預かり物だから、本来無一物です

この世は悉《ことごと》くが満たされており、余ることとなく足りぬこともない。したがって、分かち合えば足りるのに奪い合えば足らぬ。欲深きものは足らぬと悩むけれど、足ることを知る者には悩みがない。天地のお陰をいただいて、生きとし生けるものすべてが生かされているから、生きていけるのでしょう。したがって、自己中心に、物惜しみしたり、貪ったりすると、生き苦しさを感じることになります。

不慳《ふけん》とは惜しまず貪らずということです。法（仏法）も財なり、財（物や金）も法なりで、法も財も、すなわち物でも心でも、生かし合いの世界ですから、けちらず惜しまず、施し合えということです。

「一句一偈万象百草なり。一法一証諸仏諸祖なり」とは、山川草木はありのままにその姿をさらし、個々それぞれに異なる形相をしているが、すべて宇宙からの預かり物で、これを仏という。己の物だと思い込んでいる自分の命だって宇宙からの預かり物です。悉《ことごと》くが宇宙からの預かり物だから、無尽蔵の仏です。したがって、個々人が執着するような一物も存在していないから、本来無一物です。

あなたの命も、私の命も宇宙からの預かり物で、生かされ、生かし合っている命です。

けれども人は執着心や分別心を働かせてしまうから、宇宙からの預かり物などと思わないで、自己の所有物だと思ってしまう。心静かに原点に立ち返れば、すべてが宇宙からの預かり物だから、執着するような一物も存在していないことに気がつくでしょう。

自然体で生きれば、けちらず、惜しまず、生かしきるという生き方ができそうです。

今の人々は自分の利益のために交わりを結び、また他人に奉仕する。今日、利益をめざさない友は、得難い。自分の利益のみを知る人間は、きたならしい。犀の角のようにただ独り歩め。「スッタニパータ七五」

人が「これはわがものである」と考える物・・・それは（その人の）死によって失われる。われに従う人は、賢明にこの理（ことわり）を知って、わがものという観念に屈してはならない。「スッタニパータ八〇六」

第九不瞋恚戒（ふしんにかい）

怒り憎むことがなければ楽しい、なぜならば気楽に生きられるから

第九不瞋恚

退に非ず進に非ず、実に非ず虚に非ず。

光明雲海あり、荘厳《しょうごん》雲海あり。　教授戒文

怒り憎むより、堪えるほうが本当の喜びを味わえる

あおり運転は大惨事を引き起こします。運転中のちょっとしたことがきっかけで、かっとなってあおり運転の危険な行動に走ってしまう人があるようです。怒りの行動による危険なあおり運転は、取りかえしのつかない惨事を招いてしまいます。

また、人との肩が触れ合う程度のことであっても、怒りが込み上げて、自分の感情を抑えきれずに大声を発してののしり合ったり、あげくの果てには暴力をふるったり、争いごとを起こす人があります。自制できなければ殺人事件にまで及ぶこともあるのです。

深い悲しみや、苦しみに耐えてこそ、喜びや幸せを深く味わい知る

梅は夏に伸びた若枝（すわえ）に、翌春には蕾をあまりつけません。翌年の冬の寒風に吹かれ、そして夏の灼熱を超えて成長して、翌々年の春になって、その枝も太くなり、多くの花を咲かせるようです。

寒風、灼熱に耐えて咲く梅の花は美しい、あたかも人が艱難辛苦を乗り越えて、生きて、初めて真の喜びを知るがごとくであります。しかも、梅は、己が力だけで咲いているのではない、天地自然のさまざまなご縁のもとに、自然が総掛かりで美しい花を咲かせるから、梅一輪にも、暖かさが感じられるのかもしれません。

柿の木も、幾星霜を経た枝になる実は、実に甘い、自然が甘く実らせるのでしょうか。甘柿でも枝を切り払って、新たに伸びた枝になる実は渋いものが多いようです。だが数年を経ていくうちに甘い柿が実るようになります。渋柿も寒風にさらされると熟して甘くなります。

寒風、灼熱に耐えて咲く梅の花は美しい。柿の木も、幾星霜を経た枝になる実は、じつに甘い。深い悲しみや、耐え難い苦しみに耐えてこそ、命ある、生きているこの上もない喜び、幸せを、深く味わい知ることができるようになる、そういうことかもしれません。

六波羅密の菩薩行の一つに忍辱行（にんにくぎょう）というのがあります

高校野球は人々にさわやかな感動を残します。優勝チームだけでなく、すべての選手が苦しい練習に耐えたからこそ、憧れの甲子園の土が踏めたのです。

最近の若者はキレやすいといわれますが、若い時の辛抱はきっと後日、役に立ちます。忍耐が自分の体に染み込んでいますから、少々のことは乗り越えていけるのです。

人生においては、何ごとにおいても耐えることがどんなに大事な価値あることであろうか、思い返せばあの日、あの時、この上もない屈辱の中にあって、内心は激しく怒りと悲しみの渦を巻き上げておりましたけれども、こみ上げる怒りを抑え、涙が今にもあふれそうになる悲しみに耐えて、じっと我慢の一時を過ごしました。

耐え忍ぶことができたことで、後日不思議な喜びが湧いてきました。あの時耐えてよかった、我ながらよく凌ぐことができたものだと、何かしら、自分がひとまわり大きくなったと、我が人生に一段の深まりを感じるでしょう。

深い悲しみ、耐え難い苦しみを経験し、それに耐えて、乗り越えることによって、初めて、生きること、命ある喜び、本当の幸せとは何かが、よくわかるようになるのでしょう。

「般若心経」では、波羅蜜多といって、彼岸に渡ることが、人生の目的だと教えています。凡夫の心の奥底には、いつも自分が大切と自己本位の想いが潜んでいます、自分の心を点検して、利己性を除くことが六波羅蜜の菩薩行です。

六波羅蜜の菩薩行の一つに忍辱行《にんにくぎょう》というのがあります。いかなる辱《はずかし》めや侮《あなど》りや苦悩があろうとも、こらえて心を動かさないという修行です。なんとも素晴らしい行ではありませんか。

絶対に自分が正しいと言い切らないと相手にスキを与えてしまい、その後の自分は不利な立場に立たされてしまうから、自分の側に原因があっても自己の正当性を主張する人がいます。また、自己責任を認めず、他に責任を転嫁する人がありますが、はたして気楽に過ごせるのでしょうか。怒り憎むことがなければ、人は気楽に生きられるのですが。

ひらき直って、耐え忍ぶ中に生きている喜びさえ感じられるようになれば大したものです。ひたすらに、耐え難きを耐え、忍び難きを忍ぶ それが人生のすべてでしょう。

喜怒哀楽にふりまわされてどうにもならないこの現実の世界ですが、毎日生活している日常の場そのものが、気楽に生きられる広くて自由な清らかな世界であり、彼岸（悩み苦しみなきところ）とは足下のこの場でしょう。

瞋恚は衆善を滅し、諸悪を生ずる極悪なり

瞋恚は（しんい）または（しんに）と、単に瞋とも恚ともいい、怒りとも訳されます。瞋恚は、貪り（貪欲）・無知（愚癡）と並んで三毒すなわち、貪瞋癡の一つです。いかり憎むことで、煩悩の中でも炎のごとく最も激しくて、善心を害し、自己を見失なわせてしまいます。

瞋恚というのは、全身怒りの表情になって立腹することで、怒りによって自身の内にあるたくさんの善業が消え失せてしまい、いろんな悪をつくってしまいます。すなわち、自らの善業（善き生きざま）の悉《ことごと》くが、怒りによって悪業（悪しき生きざま）に変わってしまうのです。したがって、怒りとはいけない悪の行為です。

頭に十一面の相を表しておられる観音様がおられます。その十一面観音様は、やさしいお顔の慈悲の相をなさったお顔があれば、その反対には憤怒《ふんぬ》の相をされたお顔もあります。瞋恚は怒りであり悪です、不瞋恚は慈悲であり善です。憤怒のにらみ顔（瞋恚）をされて、悪業を重ねることなきようにと、そしてやさしく慈悲の眦《まなじり》を垂れて、善業に励めよとさとしておられるのでしょう。

不瞋恚の光明とは、屈辱やはずかしめを受けても、じっと耐え忍ぶことで、やがて柔和

な表情となり、それが光明となって光を放つというのです。じっと耐え忍んでいると、仏さまが光明を与えて下さるから、やがて光が向こうのほうから射してきます。

不瞋恚とは、そうした怒りのない穏やかな和みであり、それは、あたかも光明雲海であり、荘厳雲海のようなもので、光り輝く雲海の広がる荘厳な大海原の如きものです。怒り憎むことなければ、人は気楽に生きられるでしょう。

怒りを捨てよ、慢心を除き去れ、いかなる束縛をも超越せよ、
名称と形にこだわらず無一物となった者は苦悩に追われることがない。「法句経二二一」

その身をつつしみ、そのことばをつつしみ、その意（おもい）をつつしむ、
これらの人こそ、おのれを護る賢者とはいう。「法句経二三四」

第十不謗三宝戒（ふぼうさんぼうかい）

第十不謗三宝
現身演法は世間の津梁《しんりよう》なり。徳、薩婆若海《さばにやかい》に帰す。
称量すべからず頂戴奉覲《ぶごん》すべし。
この十六条の仏戒は大概かくの如し、
教に随い授に随い、あるいは礼受し、あるいは拝受すべし。　教授戒文

私たちの身体は煩悩の入れ物だから、尽きることなく煩悩が生じます

お金が欲しい、物が欲しい、美味しいものが食べたい、好きなことがしたい、男が欲しい、女が欲しい、好きな人に愛されたい、ほめられたい、認められたい、他人に勝ちたい、馬鹿にされたくない、などと、人にはあらゆる欲望を限りなく求め続けてしまう心があります。これが貪欲です。貪欲は煩悩の中で最も強いものである三毒すなわち、貪瞋癡（むさぼり、いかり、おろかさ）の一つとされています。

こうした貪欲は、行動の原動力で積極的に働こうとする動機づけの源にもなれば、怠けようとする動機づけの原因にもなるようです。

このように、人は何をするのにも欲望に突き動かされてしまいます。この欲望は自己中心的であることから、そうした行動によって、人間関係を壊すこともあれば、深刻な事態になれば人生の破滅を招きかねないので、欲を少なくして足るを知ることが大切だということでしょう。

身心を乱し悩ませ、正しい判断を妨げてしまう心の働きが煩悩です。煩悩は自らの三毒である貪瞋癡の心そのものであり、これが悪業のもとになります。それらは身口意（からだ、くち、こころ）より生じるから、常に自己管理をせねばなりません。

私たちの身体は煩悩の入れ物ですから、尽きることなく煩悩が生じます。悩みは煩悩より生じるから、悩み苦しみが絶えません。燃えさかる煩悩の炎を滅除すれば、悩みも苦しみも消えます。ところが、また新たな煩悩が生じて、新たな悩み苦しみが生じます。

こうした悩み苦しみからのがれ、寂静の境地を持続できないものだろうか、これがお釈迦様の出家の動機であったと伝えられています。

色即是空・空即是色

六年の苦行の末に到達されたのが、おさとりの境地でした。では何をさとられたのかということですが、天上の星々も、地上の山川草木も、生きとし生けるすべてのもの、そしてご自身も、みなありのまま、あるがままを露《あらわ》にして存在しているという事実に深い感銘をいだかれたのでした。

それは、存在するもの悉《ことごと》くが同じ姿を止めることのない諸行無常であり、存在するもの悉くが原因と条件すなわち縁起により生滅する諸法無我であり、存在するもの悉くが仏性である。その仏性が露になったものが仏で、この世とは真理に満ちあふれた仏の世界である。仏の世界であるから悩みも苦しみもない涅槃寂静のところであるということです。

ありのままに仏性を露にして存在するこの世のすべてのもの「色」は、本来は実体がない「空」だから、このことを般若心経では「色即是空《しきそくぜくう》・空即是色《くうそくぜしき》」と表しています。「是諸法空相《ぜしょほうくうそう》」、存在しているものは悉くが「空」だから、不生不滅《ふしょうふめつ》、不垢不浄《ふくふじょう》、不増不減《ふぞうふげん》である。生まれるということもなく、滅するということもない。生まれながらにいるということもなく、生まれながらに浄らかであるということもない。増すこともなく減ることもなく、欠けることもなく、足りぬということもないということです。

したがって、この世に存在（色）するすべてのものは、もとはといえば、実体がない空だから、本来無一物です。空だから自性清浄、すなわち不染汚《ふぜんな》であるということです。ところが人間の尺度では、ありのまま、あるがままを露にしている実相をそのままに受け取れないのです。好きだ嫌いだとか、優れているとか劣っているとか、上だとか下だとか、そういう受けとめ方をしてしまいます。明があれば暗がある、これはあたりまえのことですが、分別心で受けとめるから、悉《ことごと》くを見誤ってしまいます。

それで、人間の尺度を捨て、分別心を払拭すれば、現前の実相と自己認識との分け隔てはなくなります。

ありのままを露にして存在している、その悉くの存在が仏です。その本性が自性清浄心です。この事実を素直に受けとめられることを、さとりというのでしょう。

現前の実相と自己との分け隔てをなくして、この世の実相を自己の上に実現する。このことをお釈迦様は、「我と大地有情と、同時成道《じょうどう》す」と言われました。この世の実相と自己との分け隔てをなくする、これが、さとりを修行するという生き方になるのでしょう。

何ごとにも執着することなく、ありのままに、あるがままに生きることが、悩み苦しみを離れて、寂静の境地を得ることだと教えられました。

自性清浄心に違《たが》わない生き方をすることが戒を持《たも》つことですから、戒を持つとは、この戒を自分の上に実現する生き方をするということでしょう。

戒を持つ生き方が、本来の自己の自然な生き方でしょう。ですから戒が持たれていなければ、不自然な生き方になり、自ずと悩み苦しむことになります。どのような心構えでこの戒を受け、そして、その戒をどう持つかということは、出家者はもちろんのこと、在家者であっても、とても重要なことです。

戒を持つことは、日々の生き方そのものであり、戒が持たれておれば自ずと安穏な心を失わないから、悩み苦しむことなく生きられるでしょう。

道元禅師のお言葉に「ただわが身をも心をも、はなちわすれて、仏のいえになげいれて」とありますが、心身ともに執着心を放下することが、戒法をいただくということでしょう。戒を持つ生き方が修行であり、戒が持たれておれば自性清浄心を失うことはないでしょう。

修証一如といいますが、証《さとり》はそのまま修行であり、修行あるところに証がある。修行は証の全体であり、証は修行の全体です。それで「初心でする坐禅弁道がそのまま成仏の実証の全体である」だから日常の修行に始めなく終わりもないと道元禅師はいわれました。

初心の弁道すなわち本証の全体なり　「正法眼蔵弁道話」

仏法僧の三法を謗《そし》り不信の念を起すことなかるべし

「仏」とは目覚めた人、真理をさとった人のことで、釈迦牟尼仏をさします。成仏とは無上正等正覚（このうえなきさとり）の体得であり、智慧と慈悲の完成です。仏とはこの智慧と慈悲の両面がそなわった人のことです。

仏は「法」（真実の道理）をさとり、法を説くもので、法の具現者です。法は持《たも》つという意味もあり、変わらない真理です。「僧」は和合衆のことで、仏陀の教えに生きる者のことです。

仏法僧とは仏教を構成する仏と法と僧の三宝です。仏法とは仏陀がさとられたものであり、仏陀の教えであり、仏陀になる教えでもあります。

受戒は仏宝僧の三宝をいただくことから始まります。そしてこの仏法僧の三宝の功徳がいきわたっているのが、三聚浄戒と十重禁戒です。それで仏法僧の三宝に帰依し、三聚浄戒と十重禁戒と、十六条の戒法を持つことが、仏陀の教えに生きるということでしょう。

仏法僧の三宝を謗《そし》ることなく、仏法僧の三宝に帰依する生き方が修行であり、仏法僧の三宝に帰依するところに証《さとり》がある。修行の日常がすなわち証の日常であるから、このことを日々是好日というのでしょう。

人には自性清浄心すなわち仏性という本来の面目がそなわっているから、仏性が現われ出る生き方をすればよい。戒とは、何人にもそなわっているこの自性清浄心すなわち仏性・仏心そのものですから、自性清浄心を自覚する生き方が戒を持《たも》つということでしょう。

自己を仏として生かしていく、その修行がそのままさとりであり、さとりを修行することが仏教徒の日々の生き方でしょう。

お釈迦様の教えるところは、人は救われる仏から、救う仏になれ、ということですから、仏教は仏の教えであるとともに、仏となる教えです。成仏することが無上の幸せであり、どうすれば幸せになれるのかという教えです。

「この帰依仏法僧の功徳、かならず感応道交するとき成就するなり」と修証義にあります。さとりを求める心、すなわち智慧を持つことにより慈悲心が育まれます。智慧と慈悲心とは一つのものである。感応道交すると道元禅師は言われました。

智慧という戒を持つ日常の生き方によって、悩み苦しみのない生き方ができる。そして、この世は共生の世界ですから自己中心の生き方でなく、他を幸せにする慈悲行の願いに生きることが己の幸せに通じるでしょう。

人には生まれながらに仏性がそなわっているから、仏心を自覚する生き方をすること、そして他を救い、他と幸せを分かち合うことができれば、日々安らかな寂静の境地を持続することができるでしょう。

お釈迦様は人々に、戒を授けられました。幸せな生き方がなされるように、人の生き方の基本を説かれたのです。しかし今日ではこの戒を授かり、仏教帰依者である自覚を持って、人生を歩もうとする人が少なくなってきたようです。

「上来三帰、三聚浄戒、十重禁戒、是れ諸仏の受持したまう所なり」と、道元禅師はお説きになっています。戒とは善い習慣のことですから、日常生活において三帰戒、三聚浄戒、十重禁戒を日常の心得・善い習慣として身につけ、仏心に目覚めることが無上の幸せであるとの願いを発《おこ》し、日々安らかな生き方をしたいものです。

諸仏のあらわれ給うはたのし、正法を説くもたのし、僧衆（ひじり）のこころ一つなるもたのし、和合衆（こころかなうもの）の道にいそしむも、またたのし。「法句経一九四」

浄戒（いましめ）と、正見（ただしさ）をそなえ、法（のり）に依りて生活（くら）し、真実（まこと）をかたり、自らその業（わざ）をなす人、世は、かかる人をこそ、愛するなり。「法句経二一七」

（スッタニパータは中村　元訳、法句経は友松圓諦・松原泰道・藤吉慈海・各老師の著書を参照）

生き方の心得三ヶ条

その一、肩肘張らない

背筋伸ばして姿勢正しく、肩肘張らずに、
ゆっくりと息を吐く呼吸法で、心おだやかに生きましょう。

その二、欲張らない

少欲知足、欲張らないで生きましょう。
（多欲の人は利を求めることが多いから、自ずから苦悩もまた多い
少欲の人は求めることもなく、欲もないからわずらうこともない）

その三、頑張らない

快眠・快食・快便で、心身健やかに生きましょう。
こだわらない・とらわれない・こころゆったり
心身の疲れを癒し活力ある生活を

第四章　遺教経に学ぶ

形あるものは壊れゆくものである

「弟子たちよ、私の終わりはすでに近い。別離も遠いことではない。しかし、いたずらに悲しんではならない。世は無常であり、生まれて死なない者はない。今、私の身が朽ちた車のように壊れるのを、この無常の道理を身をもって示すのである」。お釈迦様の最後の言葉が教典として伝えられています。

世はみな無常なり。この世の一切のもの、すなわち万物は、一時として同じ形を止めるものはありません。どんなものでも変わっていく、生あるものは死んでゆく。お釈迦様はご自分がまもなく死んでいくであろう姿を、そのままに見よと、我が身をもって無常について弟子たちに説かれました。

この無常ということについて、人々は日々の生活においてあまり気にとめていないようです。でも、このことわりが、人が人らしく生きようとするための原点になるはずです。

命の儚いこと、命の尊いことに気づくから、やさしさの心が育まれ、真理に生きようとする気持ちが自ずと生じてくるようになります。命に限りあることを思うから、より良き人生でありたいと願う。そして、他の人を思いやる気持ちにもなれるのでしょう。

二月十五日（関西では三月十五日）を、お釈迦様の入滅の日とします。お釈迦様の入滅を大般涅槃《だいはつねはん》といいます。お寺ではお釈迦様の入滅の様子を描いた涅槃図を掲げて涅槃会の法要を勤めます。この涅槃図には、お釈迦様の十大弟子をはじめ、菩薩様、さまざまな人たち、そして生きとし生ける生き物たちの嘆き悲しむ姿が沙羅双樹のもとに描かれています。天からは母マーヤーさまが降りてきたとも伝えられていますが、お母さまの慈愛や、深い悲しみにうちひしがれた弟子アーナンダや号泣する人々の人間味あふれる姿、そしてさまざまな動物や植物が、お釈迦様の死を悲しむ様子が赤裸々に描かれています。満月のもと、お釈迦様は右脇を下にし、頭を北に顔を西にして横たわっておられます。お釈迦様の入滅の様子を描いた涅槃図は、死を嘆き悲しむ絵であるけれども、どこか静寂で安らぎに満ちています。

この故《ゆえ》にまさに知《し》るべし、世《よ》は皆無常《みなむじょう》なり、会《あ》うものは必《かなら》ず離《はな》るることあり。憂悩《うのう》を懐《いだ》くことなかれ、世相《せそう》かくの如《ごと》し。まさに勤《つと》めて精進《しょうじん》して早《はや》く解脱《げだつ》を求《もと》め、智慧《ちえ》の明《みょう》を以《もっ》て、諸《もろもろ》の痴暗《ちあん》を滅《めっ》すべし。世《よ》は実《じつ》に危脆《きぜい》なり、牢強《ろうごう》なるものなし。我《わ》れ今滅《いまめつ》を得《う》ること悪病《あくびょう》を除《のぞ》くが如《ごと》し。これはこれまさに捨《す》つべき罪悪《ざいあく》のものなり。仮《かり》に名《な》づけて身《み》となす。「遺教経」

生まれてきたものは必ず滅するものなり。わかっているけれど、いつも気にしているわけではありません。気にしないばかりか、自分だけはなかなか死なないと思い込んでいるから、五欲の欲するままに、わがまま勝手に生きています。

人は自分自身の心の中に生じてしまう貪りの心、怒りの心、愚かな心に負けてしまう。人は欲深く弱いものですから、欲におぼれてしまい、自分を見失ってしまうことがしばしばです。そして自分の小さな欲の心でものごとをとらえようとするから、ものごとの本質が見えないのです。欲がまた新たな欲を生む、この煩悩のために欲の底なし沼にはまり込んでしまうのです。そして苦しみがまた新たな苦しみをつくることになる。

涅槃《ねはん》とはインドの古い言葉であるニルバーナの音写です、煩悩の炎が吹き消された状態の安らぎ、さとりの境地をいいます。お釈迦様は最後の説法で、煩悩の炎を消しなさいと教えられました。悩み苦しみのない生き方をしましょうと、今際《いまわ》のきわに諭されました。

また涅槃とは生命の火が吹き消されたということで、入滅、死去をいいます。人は死ななければ、煩悩の炎が消えて安らぎの境地に入ることができないのでしょうか。

「ああ、この世はなんと美しいところであろうか、人生はなんと甘美なものであろうか」

八十歳になられたお釈迦様は、まもなくご自分の命が尽きるであろう時に、ご自分の気持ちをこのように語られたそうです。今際のきわに我が人生を振り返り、こういう感慨を吐露できる生き方ができれば、それは素晴らしいことでしょう。

我が国は高齢化社会に移行しています、長寿の時代に人々はどのように生きればよいのか、とりわけ団塊の世代と呼ばれている人々は、子を産み育て、仕事と社会と関わり、自分を振り返る余裕さえなく、これまで走り続けてきました。そうした人々も、後期高齢者の仲間入りをすることになります。これからの生き方が、その人にとって、人生の善し悪しを決定づけることになるかもしれません。

この世に生まれてきてよかった、さまざまな喜び、悲しみ、人との出会い、みんな味わい深いことであった、生きてきてよかった、自分の命の尽きる時、このように自分の終焉をたたえることができるでしょうか。

大いなる旅路の果てに、お釈迦様はクシナガラというところで、いよいよ起き上がれなくなってしまいました。お釈迦様の最後の言葉が教典として伝えられています。お釈迦様の最後の旅から入滅に至るまで、そして荼毘などについて叙述した教典が涅槃経です。

お釈迦様の命がまもなく尽きるであろうと察した弟子たちは、みな動揺していました。不安げな弟子たちに向かって、お釈迦様は、自分の死後のことについて語られたそうです。

「法をよりどころとし、自らをよりどころとせよ（自灯明・法灯明）」
「すべてのものはやがて滅びるものである、汝らは怠らず努めなさい」
このように教えられたと涅槃経にあります。
お釈迦様がすべてであった弟子たちはこの言葉を聞いて、この世の真理（法）を求め続けることを怠らず、この世の真理にもとづいた生き方をしていこうと心に決めたのでした。
この世で自らを島とし、自らをたよりとして、
他人をたよりとせず、法を島とし、法をよりどころとして、
他のものをよりどころとせずにあれ。　「パーリ涅槃経」

汝等比丘《なんだちびく》、昼《ひる》は則《すなわ》ち勤心《ごんしん》に善法《ぜんほう》を修習《しゆじゆう》して、時《とき》を失《しつ》せしむること無《な》かれ。初夜《しよや》にも後夜《ごや》にも亦《ま》た廃《はい》すること有《あ》ること勿《なか》れ。中夜《ちゆうや》に誦経《じゆきよう》して以《もつ》て自《みずか》ら消息《しようそく》せよ。睡眠《すいみん》の因縁《いんねん》を以《もつ》て一生空《いつしようむな》しく過《す》ごして所得《しよとく》なからしむること無《な》かれ。当《まさ》に無常《むじよう》の火《ひ》の諸《もろもろ》の世間《せけん》を焼《や》くことを念《ねん》じて、早《はや》く自度《じど》を求《もと》むべし。　「遺教経」

最後の説法

お釈迦様のご入滅が近いことを感じて、不安な思いにあるアーナンダや弟子たちにお釈迦様は「自らを灯とし、自らをよりどころとし、法を灯とし、法をよりどころとして怠ることなく修行を続けなさい」と、告げられた。まさに「自らを灯とし、法を灯とすべし」というのが仏遺教経《ぶつゆいきょうぎょう》です。八大人覚《はちだいにんがく》はお釈迦様の遺言です。

二月十五日の中夜にお釈迦様は入般涅槃《にゅうはつねはん》あそばされた。命尽きるまさにその前に弟子たちへ最後の説法をされた。この説法の後にはもうお釈迦様のご説法はなかったのです。

お釈迦様は最後の教えとして八大人覚を説かれた。とても意味深いものであるから、よく肝に銘じて聞法《もんぽう》しなければなりません。

諸仏《しょぶつ》は是《こ》れ大人《だいにん》なり。大人《だいにん》の覚知《かくち》する所《ところ》、ゆえに八大人覚《はちだいにんがく》と称《しょう》す。
この法《ほう》を覚知《かくち》するを涅槃《ねはん》の因《いん》と為《な》す。
我《わ》が本師釈迦牟尼仏《ほんししゃかむにぶつ》、入涅槃《にゅうねはん》の夜《よ》の最後《さいご》の所説《しょせつ》なり。　　「正法眼蔵八大人覚」

人生の道標《みちしるべ》

八大人覚

一つには少欲《しょうよく》

かの未得の五欲の法中において、広く追求せざるを名づけて少欲となす。

二つには知足《ちそく》

巳得の法中において、受取するに限りを以てするを、称して知足といふ。

三つには楽寂静《ぎょうじゃくじょう》

諸々の心乱れる騒がしさを離れ、静所に一人住まいするを、楽寂静と名づく。

四つには勤精進《ごんしょうじん》

諸々の善ことを努力し実行することを精進という、専一で雑じりけなく、進んで退かず。

五つには不忘念《ふもうねん》

また守正念と名づく、法を守って失せず、名づけて正念と為す、また不妄念と名づく。

六つには修禅定《しゅぜんじょう》

法に住して乱れず、名づけて禅定という。

七つには修智慧《しゅちえ》

聞思修を起こすを、智慧と為す。

八つには不戯論《ふけろん》

証して分別を離れるを不戯論と名づく、実相を究尽する、すなわち不戯論なり。

お釈迦様が人生最後にお説きになった教えを、そのままに如来の究極の正しい安らぎの心（正法眼蔵涅槃妙心《しょうぼうげんぞうねはんみょうしん》）として、道元禅師は「正法眼蔵八大人覚」として説かれました。

道元禅師の「正法眼蔵八大人覚」は、建長五年正月六日、永平寺で記されたが、体力の限界にあって法孫の義演によって清書されたと道元禅師の法嗣である懐奘《えじょう》が記述している。この年の八月二十八日に、道元禅師は五十四歳で入寂されました。

人間として生まれてくることは難しい、そして仏法に出会うことはさらに難しい。寝て明日の朝、目が覚めるかどうかわからないのだから、今、この一瞬を無駄に過ごしてはならないでしょう。より良き人生を歩もうとする人々は、この八大人覚を人生の道しるべとして、己自身の上に常に保持しておきたいものです。

少欲《しょうよく》「少欲の人には安らぎがある」

かの未得の五欲の法中において、広く追求せざるを名づけて少欲となす

五欲とは財・色・食・名・睡眠の欲で、多欲の人は、自ずから苦悩もまた多い。欲を少なくする人は、望み求めることもなく、この苦しみの憂いもない。欲を少なく保てる人には安らぎがある、これを少欲と名づく。

お釈迦様が最後にお説きになった教えを、道元禅師も自らの最後の教えとして説かれた「八大人覚」に、「多欲の人は、利を求めることが多いから、自ずから苦悩もまた多い。これに対して少欲の人は、求めることもなく、欲もないからわずらうこともない。いつも満ちたりて苦悩もなく心穏やかである」と、このように少欲を行じることを教えられた。

多欲《たよく》の人《ひと》は利《り》を求《もと》むること多《おお》きが故《ゆえ》に苦悩《くのう》も亦《ま》た多《おお》し。少欲《しょうよく》の人《ひと》は無求無欲《むぐむよく》なれば則《すなわ》ちこの患無《うれいな》し。……少欲《しょうよく》を行《ぎょう》ずる者《もの》は、心則《こころすなわ》ち担然《たんねん》として憂畏《うい》する所無《ところな》し、事《こと》に触《ふ》れて余《あま》り有《あ》り、常《つね》に足《た》らざること無《な》し。少欲《しょうよく》ある者《もの》は則《すなわ》ち涅槃《ねはん》あり。是《こ》れを少欲《しょうよく》と名《な》づく。

「遺教経」

財産があり、物があふれて、飽食にふけっても、なお心さみしいのはなぜでしょうか、満たされないのはなぜでしょうか。

「諸々の苦悩を脱せんと欲すれば、当に知足を観ずべし」

「知足の法は、即ち是れ富楽安穏の処なり」

お釈迦様は最後の教えとして、悩み苦しみのない生き方は、すべからく足るを知ることだと教えられました。人の生き方の根本のところがこの少欲知足の教えでしょうか。

道元禅師も「もし、諸々の苦悩からのがれようとするならば知足を観ずべし、足るを知らない人は、たとえ富んでいても心は貧しい、足るを知れる人は貧しくても心は富んでいる」「足るを知らない人は、常に五欲に惑わされており、足るを知れる人から憐れみを受けるであろう、これを知足と名づける」、このように知足を行じることを説かれました。

若《も》し諸《もろもろ》の苦悩《くのう》を脱《だつ》せんと欲《ほっ》せば、当《まさ》に知足《ちそく》を観《かん》ずべし。知足《ちそく》の法《ほう》は即《すなわ》ち是《こ》れ富楽安穏《ふらくあんのん》の処《ところ》なり。知足《ちそく》の人《ひと》は地上《ちじょう》に臥《ふ》すと雖《いえど》も、猶《な》お安楽《あんらく》なりとす。不知足《ふちそく》の者《もの》は天堂《てんどう》に処《しょ》すと雖《いえど》も亦《ま》た意《こころ》に称《かな》わず。「遺教経」

「和食」がユネスコの無形文化遺産に登録されました

無形というのは、形の無いものという意味です。日本には多様で豊富な旬の食材や食品、清らかな水、風土に適した発酵技術、栄養バランスの取れた食事、年中行事や人生儀礼との密接な結び付き、などの特徴を持つ素晴らしい食文化があります。日本の食文化については、世界的に見ても特徴的であり、諸外国からも高い評価を受けています。ユネスコの無形文化遺産に登録されたことは、日本の食文化が世界から認められたということです。

日本では食生活が洋風化し、外食産業が拡大する中で、和食離れが起こっていますが、ユネスコの無形文化遺産に「和食」が登録されたことによって、日本人の食生活や食文化が内外で見直されています。海外では健康志向から日本食ブームが起こっています。

日本料理とは日本でなじみの深い食材を用い、日本の風土の中で独自に発達した料理であり、日本風の食事を和食と呼びます。「和食」について広辞苑には、日本風の食物、日本料理で洋食の対語とされている、とありますが、「和食」とはいったい何なのかということが、世間ではあまり理解されていないようです。

旨味《うまみ》成分が日本料理の味をつくるということで、一流料亭の味の秘訣が出汁《だし》にあることをマスコミが紹介しています。選び抜かれた昆布と鰹節は丹精込めたそれぞれの産地業者の手によって、また風土に適した発酵技術が醤油、味噌、酒、酢を生み出し、豊かな和食文化を支えています。一流料亭では旨味の元となる昆布と鰹節をふんだんに使って出汁をつくりますが、捨てられていく食材がいかに多いかということは語られません。

日本人が飽食を享受している一方で、世界には食べる物がなくて人類の一割もの人々が飢えに苦しんでいます。また日本では若者や高齢者に孤食が広がっています。学校での食育と家庭での食卓の大切さ、親の味が子に愛情食として伝えられていくことなど、食が見直されるべき時代でもあります。「いただきます」と「有り難い」という感謝の心を忘れては、和食文化は成り立たないでしょう。

私たちは「もったいない」という言葉を忘れてしまったようです。一粒のお米にも、一枚の菜っ葉にも命が宿っています、その命をいただくことで生きていけるのですから、食べ物を捨ててしまうなど無駄にはできないはずです。

また、好きな食べ物、高級な食材に心ときめかせたり、嫌いな食べ物や粗末な食材だからと粗雑に扱うことなく、それぞれの食材の持ち味を楽しむべきです。

近年は季節を問わずあらゆる食材が年中出回っていますが、食物には旬があるということも、栄養のバランスにも心すべきです。台所は料理する人の心を映す鏡ですから、食器は自分の目の玉のごとくに大切に扱い、台所は清潔に保たねばなりません。盛りつけ方にも心を配る気持ちがあれば食生活が豊かなものになるでしょう。

禅寺では食事は大切な修行です。八百年前に道元禅師は「典座教訓《てんぞきょうくん》」を著して、食事をつくることは大切な修行であることを説かれた。また「赴粥飯法《ふしゆくはんぽう》」を著して、食することも修行であると「食べる心構え」を説かれました。医食同源と言いますが、身心の健康の維持とは食事を大切にすることから始まります。「五観《ごかん》の偈《げ》」は食前に唱える言葉ですが、少欲知足の教えです。日常生活において、食することにおいて感謝の気持ちがあれば心豊かな生活になるでしょう。少欲とは貪らないことであり、足るを知るということです。

［五観《ごかん》の偈《げ》］

一《ひとつ》には、功の多少を計《はか》り彼《か》の来処《らいしょ》を量《はか》る。（多くの人の苦労を思い感謝していただきます）
二《ふたつ》には、己《おのれ》が徳行《とくぎょう》の全缺《ぜんけつ》(と)をはかって供《く》に応ず。（己の行いを反省していただきます）
三《みっ》には、心《しん》を防《ふせ》ぎ過《とが》を離るることは、貪等《とんとう》を宗《しゅう》とす。（妄心や三毒を除していただきます）
四《よっ》には、正《まさ》に良薬を事とするは形枯《ぎょうこ》を療《りょう》ぜんが為なり。（心身の良薬としていただきます）
五《いつつ》には、成道《じょうどう》の為の故《ゆえ》に今この食《じき》を受く。（円満な人格完成のため合掌していただきます）

少欲ある者は涅槃あり

禅の修行道場では朝晩に梵鐘《ぼんしょう》を打つ。朝の坐禅の時には暁鐘《ぎょうしょう》が、夜の坐禅の時には昏鐘《こんしょう》の音が聞こえてくる。ゴーンと聞こえた時、この一声が人生最後の音かもしれない、もう二度と聞けないかもしれないと思う時、またゴーンと聞こえてくる。そして鐘が打ち上がると坐を解く。

生きているのは食事をいただいてまた次に食事をいただく、その間が生きている時間かもしれません。だが、生きているというのはもっと短かく、梵鐘一声の余韻が消えないうちか、瞬きの一瞬か、いずれにしても確かに生きているのは今、この一瞬、刹那です。

禅堂で食事をいただく時、この食事が最後の食事となるかもしれないと、ふとそう思うことがある。そう思うと、いただく食事がいっそう味わいのあるものになる。

少欲を行ずる者は、心は自ずから安らかである、憂い恐れることもなく、いつも満ち足りています。少欲であれば心は静まり涅槃となる。これを少欲と名付けるとお釈迦様は説かれました。

知足《ちそく》「足るを知る人は、五欲にまどわされることがない」

巳得の法中において、受取するに限りを以てするを、称して知足といふ

足《た》るということを知らない人は、たとえ富めりといえども心は貧しい。足るを知る人は、貧しいといっても心が豊かである。足るを知らない人は常に五欲に惑わされているから不知足の人には安心ということがない、これを知足と名づく。

水は命なり

奈良の東大寺二月堂のお水取りは、千二百五十年以上前から途切れることなく続けられてきた伝統行事です、関西に春を告げる行事として、一般に「お水取り」の名前で親しまれています。正式には「修二会《しゅにえ》」と呼ばれて、毎年三月一日から十四日まで二週間続くお勤めですが、その中でも十二日の夜（十三日早朝）に本尊にお供えする香水・若水汲みが「お水取り」と呼ばれています。

水に恵まれた国に生活していると水の有り難さを忘れてしまいます。清水の湧き出ずるところより、水は川と流れて田畑を潤し作物の恵みをもたらします。古代より人々は水の恩恵を受けつつも水に泣かされてきました。干ばつは凶作を意味し、食料不足になる。洪水が起これば命と財産を失う。治世は治水でもあり、人々の辿ってきた足跡は何代にもわたる水との関わりの歴史でもあります。人々は水神様に願いを託してきました。

三十数億年前、生命は水の中から生まれた。水は多くの生命を生み育んできた。人の身体も五十～六十兆個の細胞の水のかたまりみたいなものです。水がなければ生き物は生きることができませんが、あなたにとって一番大切なものは何かと問われると、お金、家族、健康と答えても、水と答える人はいません。

寺名の由来となった名水・音羽ノ滝がある京都東山の清水寺の管長であられた大西良慶師は「水の徳」という法話をされました。人間の最初と最後は水とかかわりがある「人間、生まれてきたら産湯を使う、死ぬ時は末期の水をいただく、始まりも終わりも水、昔から親の恩に報いんとする時、親はなし、水の恩にも報いず、水のありがたさをも知らずにみんな死んでいく」とよく話されました。

福井の永平寺に清流があり、その永平寺川に半柄橋という橋が架かっています、半杓とは半杓水のことで、柄杓に半分の水という意味です。永平寺開祖道元禅師の遺訓に「杓底一残水　汲流千億人」と、水は是生命なりと知るべしとありますが、水を大切にされ、使い残した柄杓に半分ばかりの水さえも元に戻されたと伝えられています。道元禅師は水の節約を通してものの命を生かせと教えておられます。

国連によると、世界の五人に一人約十二億人が安全な水を飲むことができない。年間三百万人以上が汚染された水を飲んで病気になり死亡しており、不衛生な状況のもとにおかれているそうです。

水は命の根源、ヒマラヤの北にアノクチの池があり、浄水である命の水が湧き出でるという伝説があります。ヒマラヤの峰から流れ出てベンガル湾にそそぐ大河、ガンジス川は聖なる河、ガンガーとインドの人は呼ぶ。二千五百年前、お釈迦様はガンジス川のほとりで、またこの大河を何度も渡って法をお説きになられました。

三月十五日、お釈迦様は八十歳にして大いなる旅を終え、沙羅双樹の間に錫杖を置かれた。弟子のアーナンダはお釈迦様に、咽の渇きを癒やされるために、ガンジス川の支流の水をさしあげました。これが末期の水となりました。

京都の竜安寺の手水鉢《ちょうず》（つくばい）に「吾唯知足」と刻まれています。茶室に入る前に手や口を浄める手水ですが、水の使い方をもって、少欲知足をかえりみなさいという教えが説かれています。

食は命なり

水に限らず一粒の米、一茎《いっきょう》の野菜もその命を生かす、粗末にしないということです。お米を洗うことを米を研ぐといいますが、洗い流す時も一粒のお米も無駄にできません。一粒のお米にも、一枚の菜っ葉にも仏である命が宿っていますから、粗末にできない、もったいないの気持ちが大切です。

たまには一粒の米を手のひらにのせて眺めてみましょう、何かが見えてくるでしょう。お米は額に汗した人と自然が生み出した一粒の輝く命です。一粒の米は人によっては大きく見えたり、見えなかったりする、飢餓に苦しむ人々にはとても大きく見えるでしょう。

今日、さまざまな食品について食の安全が問われています、家畜の感染症も人間が食材として求めるために大量の食料の供給から起こったことです。この種のことは形を変えてこれからも増え続けるでしょう。そして富める国と貧しい国の格差が大きくなるにつれて、世界の食糧事情はますます深刻化していくでしょう。

コンビニの店頭で座り込んで食べ物を食べている若者、ゲームや漫画本を見ながら食物を無意識に口に運ぶ子供たち、これは健全な心と体の発達に影響するでしょう。朝食を食べない子供は発育に、そして大人は健康維持に影響します、過食、偏食も同様です、食の乱れは心の乱れにつながります、「いただきます」を忘れたところから、自分自身の心が病み始めますと、醜いいじめの心、悪の心へと変貌していきます。

最近の親は子供が食べ物を残してもしからないばかりか、食べられるだけの量をいただき食物を大切にして無駄にして捨てない、好き嫌いを言わない、食事の姿勢など、こういうことを躾《しつけ》として教えていない親が多いようです。いただくとは命が命を食することですから、食べ物を目八分にいただいて感謝の心で拝むことです。

家庭の食卓においても「食とは命をいただくこと」だということを、そして「すべからく足るを知る」という感謝の気持ちを、常に心得ておきたいものです。「いただきます」の気持ちで食事を正しく行うならば、すべての行動も正しくなるでしょう。

グルメという言葉があります、食通とか美食家を指す言葉でしょうが、飽食をも連想してしまいそうです。飽食は成人病や肥満症を引き起こします、また過度の拒食や偏食によって栄養が偏ると感染に対する抵抗力がつきません。食の乱れは心の乱れですから、日常茶飯事というけれど、心掛けるべき生活の基本が食事のいただき方でしょう。

飲食は薬を服するようでなければならない、好き嫌い、過食、小食でなく身体を支える分だけいただき、飢えや渇きをしのぎなさいとお釈迦様は教えられました。

食について道元禅師は「典座教訓《てんぞきょうくん》」と「赴粥飯法《ふしゆくはんぽう》」を著された。「典座教訓」には、「飯《はん》を蒸《む》すには、鍋頭《かとう》もて自頭《じとう》と為《な》し、米を淘《よな》ぐには、水は是れ身命《しんめい》なりと知る」とあります。「ご飯を炊く時には鍋を自分そのものと思い、米を研ぐには水を自分の命そのものと考える」と、水は命なり食は命なり、これは食のつくり手側での足るを知ることの教えです。

「赴粥飯法」には食する側の心得が説かれています。修行僧は応量器という食器で食事をいただきます。朝・昼・夕の食事には、それぞれ必要な器だけを使います。自分で食べられるだけの量をいただく、適量を心得ることを基本とします。使った食器は水を無駄使いしないよう、食作法にしたがって自分で洗います。洗った水の半分は生飯《さば》（数粒の米）とともに、飢えたるものに施します。食することにおいて足るを知ることの教えです。

お釈迦様は人間の欲望はとめどがなく、足るを知らない人は、たとえ富めりといえども心は貧しい。足を知る人は、貧しいといえども心が豊かである。足るを知らない人は常に五欲に惑わされているから、不知足の人には安心ということがないと教えられました。

諸《もろもろ》の飲食《おんじき》を受けては、当《まさ》に薬を服するが如くすべし。好《よ》きに於《おい》ても、悪《あし》きに於ても、増減を生じること勿《なか》れ。趣《わずか》に身を支うることを得《え》て以《もつ》て飢渇《きかつ》を除《のぞ》け。「遺教経」

楽《ぎょう》寂《じゃく》静《じょう》「一時の寂静に、安楽あり」

諸々の心乱れる騒がしさを離れ、静所に一人住まいするを、楽寂静と名づく

楽をギョウと読めば願うということ、ラクと読めば安楽ということです。世間の束縛に執着すればするほど、さまざまな悩み苦しみの中に埋没してしまいます。絶対の安らぎの楽を求めたいと思うならば、心乱れる騒がしさを離れて静かなところに一人で修行するがよい、これを遠離という。

ストレスや生活習慣の乱れが心身の不調を招く

ストレスは身体の疲労や精神的な圧迫感によって体内に起こる歪みです。現代人は職場でも学校でも、地域社会でも、家庭においても、日々何らかのストレスを感じています。

人間関係の悩みをかかえている人がとても多く、人間関係からくるプレシャーなどから、不安、いらだち、緊張などのストレスにより、心や身体の不調を感じるようになります。

さまざまなストレスに加えて、夜更かしなどによる生活リズムの乱れ、不規則な食事、飲酒や喫煙などによって自律神経のバランスが乱れると、心や身体の不調につながります。

ストレスなどの心因が影響して、特定の臓器や器官に異常が現われたり、いらいらや憂鬱感や不安感、集中力や記憶力の低下、倦怠感、食欲不振、不眠などと、全身症状として現われることがあります。病院で検査をしても臓器や器官に病的な変化が認められないということがあるようです。ところがこういう症状の中にうつ病や神経症が隠れていることがあるので注意しなければなりません。

人には利己的な生き方をしてしまう貪瞋癡（むさぼり、いかり、おろかさ）の三毒の心があり、この三毒の心が働くから煩悩が生じます。人体は煩悩の入れ物です。だから、煩悩が尽きることなくどんどん出てくる。一つの煩悩を鎮めても、また次の煩悩が出てくる。欲の尽きることがありません。次々と湧いてくる煩悩がストレスの原因です。

三毒の心のおもむくままに勝手気ままな自分本位の生き方をして、そのために自分で悩み苦しんでしまいます。そして欲望が誘い水となって、さらなるストレスや生活習慣の乱れをつくり出してしまいます。

私たちは自我の欲望のおもむくままに利己的な生き方をしているから、悩み苦しみを自分自身でつくってしまい、それがストレスの原因になっているようです。

健康は、自律神経が順調に働くのを維持することです

社会生活をしているかぎり、日常的にストレスからのがれることはできません。ストレスが原因で精神的な不安や悩みをかかえて日々生活をしています。ストレスにつながらない強靱な精神状態を保てればよろしいが、なかなかそうもいきません。ストレスが解消されないと、精神的な不安や悩みはさらに深刻なものになり、身体まで壊してしまい、悪くすると家庭崩壊や人生の破滅につながります。

人は自然体であれば、どんなストレスであっても、柳に風のごとくやり過ごせて、日々生きていけるのですが、ことさらに執着するから、自己をゆがんだものにしてしまうのです。素直な自己であればよいのに、人間関係でかまえたり、過ぎたことにこだわったりしてしまうから、ストレスがさらに増幅してしまうようです。

生活ぶりによっても違うでしょうが、日常とは、悩み苦しむ迷いの自己と、悩みも苦しみもない穏やかな自己である時との、せめぎ合いというところでしょうか。

自分の意思によらずとも、自律神経の働きによって、胃も腸も、肺も、心臓も、すべての臓器が四六時中休むことなく動いています。だから、生かされているのだということに気づくべきでしょう。

お体様が自ずからの働きとして、自律神経により臓器を働かしてくれます。だから健康に留意して、自律神経が失調しないように、交感神経と副交感神経がバランスよく順調に働く状況を維持しなければなりません。

ストレスを解消できればよろしいが、なかなかそうもいかないから、欲望のおもむくままに生きるのか、仏心を呼び覚まして生きるのかで、ストレス社会を生きぬく幸せの分かれ目があるようです。日常生活において、仏心を呼び覚まして生きるのが仏教の目的です。

とかく人は常に自然体でおれないから、自分自身で悩み苦しむ原因をつくり出してしまいます。いかなる時も自然体でありたいものです。

人はストレスを感じて日々生活をしています。少し時間があれば、坐禅のように足が組めなくても、正座でも椅子でもいいですから、五分でも十分でも静かに坐って、背筋を伸ばして姿勢を正し、肩の力を抜き、呼吸を整える。お腹の底からゆっくり吐き出す呼吸法でリラックスする、そんな一時を持つことをおすすめします。

背筋を伸ばし前にも後ろにも右にも左にも傾かず姿勢を正して、身体を調えます。そして出入の息を穏やかにして、呼吸を調えます。身体も呼吸も調えば、眼を半眼にして念想観や心意識を働かさず、心を調えます。

忙中閑あり

坐禅は自己を束縛する姿勢であると思いがちですが、そうではありません。道元禅師は身心脱落と言われたが、身も心も全体がすっぽりと抜け落ちるから、身心一如で、坐禅は自己を解放した自然体であり、平常心（仏心）そのものです。

坐禅を修行していることが、そのまま証《さとり》の現われであり、それが真実人体ですから、身と呼吸と心が調っている時、自律神経の働きは順調です。

眼を半眼に開くことによって瞑想しないから、自己を見失うことがありません。心意識の運転が鎮まれば、分別心や妄想も起こらず、心が自ずから調うから、自律神経が順調に働く環境が調います。自律神経の働きが順調であれば、人体の健康が保たれます。身心一如であるから、身心ともに健康が保持されるのです。自律神経が順調に働く最も好ましい状態を、日常に保つことが大切です。

坐禅は自己のあらゆる執着心を放下《ほうげ》して、束縛から解放された姿勢を保つことから、自律神経の働きにおいては最も好ましい状態と言えるでしょう。それで日常修行として、坐禅修行をおすすめします。坐禅ができなくても、背筋を伸ばし姿勢を正し、肩の力を抜き、お腹の底からゆっくり吐き出す呼吸法を、一日何度も実践されることをおすすめします。

毎朝一番に、背筋を伸ばして姿勢を正し、肩の力を抜き、ゆっくりと息を数回吐く。朝一番のラジオ体操と同じように、心の体操で今日一日が安らかになるでしょう。

ほんの一時の静慮によっても、本来の自分を取り戻せます。現前の何もかもをありのままに、あるがままに受けとめられたらよいのです。かまえてみても力んでも、ならないものはならない、なるようにしかならないものです。

何ごともあるがままに受けとめ、ありのままに認識できれば泰然自若の生き方ができる。悩みもなければ苦しみもない生き方とは、何ごとにもことさらにこだわらない生き方を身につけることでしょう。

煩悩の炎が鎮まったやすらぎの境地を求めようとするならば、喧噪を離れて、一時でもよいから、背筋を伸ばして姿勢を正し、肩の力を抜き、呼吸を調える。お腹の底からゆっくり吐き出す呼吸法でリラックスする、そんな一時を持つことをおすすめします。

「忙中閑あり」とは、忙しい中の一時の閑（しずけさ）という意味です、「忙しい」という字は「心」を「亡（うしなう）」と書きますが、心を亡うほど忙しい時にこそ、自分を取り戻す一時を持ちたいものです。

寂静無為《じゃくじょうむい》の安楽を求めんと欲せば、当に憒閙《かいにょう》を離れて独処《どくしょ》に閑居《げんご》すべし。「遺教経」

勤精進《ごんしょうじん》「不断の努力が、困難をなくす」

諸々の善きことを努力し実行することを精進という、専一で雑じりけなく、進んで退かず

諸々の善きことにおいて進んで退かず、怠ることなく努力すること、これを精進という。少量の水であっても常に流れておればついには石をも穴を開ける。借りものでなく、自分の問題として修行すれば、本物になる。

仏道は必ず行《ぎょう》によって証入《しょうにゅう》すべきこと

日本人はどの分野でも、道という概念をもってとらえようとします。柔道、剣道、弓道などの武道、相撲も、心身技ともに習熟して、そして、いっそうの人格の向上をも目指すべきであるとします。

茶道、華道、芸能においても同じです。それぞれの道を極めるとは修練することであり、仏道修行に通じるものがあります。

学問は真理の追究であるとともに、それが世の中で役立つものでなければならない。技術もそれが製品として買われてはじめて役立つことで評価を得ます。スポーツ、文化芸能も世の人々に感動と生きる喜びを与えるから評価を受けます。

道とは人生そのものだから、これで終わりということがない。だから、絶えず新しいものを求めて工夫し、改善し、そして挑戦していきたいものです。

学問も芸術もスポーツも、技術の研究開発も、道の目指すところは同じであり、その道を通して最高の人格に到達することです。したがって、いずれも命の尽きるまでそのことは続けられるべきです。長年続けてきた人はさらに奥義を極めようと腕に磨きをかけ、いっそうの向上を目指し、新たに始める人は、それなりの覚悟を持ってかからなければ中途半端なものしか得られないでしょう。

「仏道は必ず行によって証入すべきこと」と道元禅師は言われました。それは行ずることがそのまま最高の人格に到達すること、すなわち仏に成るということだからです。あるいは仏にならずとも、それぞれの分野で菩薩として世のため人のために尽くせる人になることです。自分のみならず他にも幸せを与えるということです。

道とは人生だから、生きている限りこれで終わりだということはないのでしょう。仏道を行じ続けようとする不退転の決意が発心であり、それが発菩提心でしょう。

幸せとは、他に必要とされる生き方をすること

この世は人間だけでなく、何もかもが互いに関係し合って存在している。それぞれがお互いを必要とすることでこの世は成り立ち、それぞれが存在しています。

生きとし生ける命は、お互いに生かし合っている。どんな命も欠くべからざる存在であり、どれ一つが欠けても他を生かし合えない。この世に生きているということは、自分のために生きているのではなく、他の命のために生きているという、利生の根本原則がありますす。生かし合いが生き物の姿です。どの生き物も命を生かし合っているから生きていける。人も同じことです。共生の世界の大きな命の循環に気づきたいものです。

人は一人では生きていけません、生きとし生けるものみな同じで、ただ一つで存在できるものはない。人間という言葉の意味は、世の中ということです。世の中に生きているということは、一人一人が世の中の構成員であり、他の人とつながり、支え合う存在です。

すなわち必要とされる何かがあるから、その人は存在している、必要でなくなれば存在する意味を失うということでしょう。

自分など生きている意味がない、生きている価値もない、誰も自分の存在など必要としていない、などと思い込んでいる人もあるようですが、はたしてそうでしょうか。

職を求めても採用されない、余分の人材は要らないと解雇される、それを世の中が不景気だからとか、原因を他のせいにしてしまえば一歩も踏み出せなくなるでしょう。

そうではなく、この世とは共生の世界であるから、世の中では今、何を必要としているのか、世の中で必要なことをしっかりと自分で見つけ出せれば、それが仕事になり、生きていけるはずです。また必要とされる人格、必要とされる能力をそなえた人ならば、世の中は必ずその人を必要とするでしょう。

この世では、他に必要とされる生き方をするという自覚が大切です。自分はどのように必要とされているのか、何をすればよいのか、自分探しを続けていくべきです。幸せとは、他に必要とされる生き方をすることでしょう。「菩提心《ぼだいしん》を発《おこ》すというは、己《おの》れ未《いま》だ度《わた》らざる前《さき》に、一切衆生《いっさいしゅじょう》を度《わた》さんと発願《ほつがん》し営《いとな》むなり」と道元禅師の教えがありますが、他の幸せを願うという慈悲心の発露した生き方が利生です。利生すなわち利他の生き方を日々に実践する善行を修することにより、善業が自身の身についていきます。諸々の善きことにおいて進んで退かず、怠ることなく努力する生き方が精進です。

たとひほとけとなるべき功徳《くどく》熟《じゅく》して、円満《えんまん》すべしといふとも、なほめぐらして衆生《しゅじょう》の成仏得道《じょうぶつとくどう》に回向《えこう》するなり。　「正法眼蔵発菩提心」

なまけることなく、自己を完成せよ

子供が成長していく過程において、「立派な人間」とは何かとか、生きる意味を学ぶということがないようです。人間として成長する過程で、何を求めて何んのために学ぶのか、深く考えることもなく、わからないままに「いい子」ぶって親の安心を得るために進学用の学びをしているようです。家庭でも学校でも生きる意味とはの問いかけを子にしないから、子供は「立派な人間像」を描くことなく漠然とした進学用の勉学のみ励むことになる。「立派な人間になりなさい」と親は言うが、進学時は学力向上のみが関心事となり、生きる意味を家庭でも学校でも教えないので、子は精神的にひ弱であり、強靱《きょうじん》な生きる力がそなわっていないから、世の波にのまれてしまいがちです。

世間の物差しで測れば、優等生となることを親は子に求めますが、優等生が実社会で「立派な人間」にあてはまるとは言えません。同様に劣等生が「つまらない人間」であるとはかぎらない。世間の物差しで測れば、劣等生とか優等生というランクがつくのでしょう。「つまらない人間」が劣等で「世の中に役立つ人」が優等であるとも言い切れません。世の中に役に立たない生き物などないからです。したがって、世の中に役に立たないという人もいません。世間の物差しに執着しなければ、おもしろい人生が生きられそうです。

命はいつ果てるかわかりません、そして、死んでからのことなどわからない、あの世とはこういうところだと語り聞かせてくれるものなどいません。だから、お釈迦様は死後のことを聞かれてもお答えにならなかった。そして、「怠けることなく、自己を完成せよ」と、今をよりよく生きることを教えられました。

よりよく生きるとは、善き業《ごう》を身につけ、悪しき業を身につけないことです。どういう生き方をしたか、その人の行為を業といいますが、この業だけは死んでからもその人について離れません。不断の善行のことを精進というのでしょう。

修行に励むことにおいて困難ということはない、懸命に努力すれば、わずかな水であっても不断に流れておれば、石にも穴を開けてしまう。けれども、怠け心を起こして修行をやめてしまえば、火を熾そうとして、熱くならないうちにやめると、結局は火を得ることができないのと同じである。これを精進というと、お釈迦様は教えられました。

若《も》し勤《つと》めて精進《しょうじん》すれば、則《すなわ》ち事《こと》として難《かた》き者なし。是の故に汝等当《なんだちまさ》に勤《つと》めて精進《しょうじん》すべし。
譬《たと》えば少水《しょうすい》の常に流れて、則《すなわ》ち能《よ》く石を穿《うが》つが如《ごと》し。
若《も》し行者《ぎょうじゃ》の心《こころ》数々《しばしば》懈廃《げはい》すれば、譬《たと》えば火を鑽《き》るに未《いま》だ熱《あつ》からずして而《しか》も息《や》めば、火を得《え》んと欲《ほっ》すと雖《いえど》も、火を得《う》べきこと難《かた》きが如《ごと》し。これを精進《しょうじん》と名《な》づく。「遺教経」

不忘念《ふもうねん》「正法を念じて、心に銘記すべし」

また守正念と名づく、法を守って失せず、名づけて正念と為す、また不妄念と名づく

正しい仏の教えを胸に刻みつけ、けっして忘れないこと。念力堅強に努めれば、五欲の賊中のいろいろな誘惑があっても、その誘惑に害せられない、これを不忘念と名づく。

日々是仏道

生老病死のみならず、生きているかぎり、さまざまな悩みは尽きません。悩みや苦しみが一つもないという人はいないでしょう。ですから、悩み苦しみながらも、どう生きぬくべきかということは、生涯の課題です。

「滑っても転んでも登る富士の山」です。悩みながら生きていくのが人生かもしれません。ところが悩みながらも生きていければよいのですが、精神的に沈んでしまうと一歩を進める気力すら萎えてしまう。これではいけないと思えば思うほど、自分ではどうすることもできない、そんな状況に陥ってしまうと生きていくのが辛くなります。

どうして人は悩み苦しむのでしょうか。自分だけの狭い考えに執着することを我執と言いますが、自己とは我執の凝り固まりで、悩み苦しみの原因はこれにあるようです。

我執はさまざまな欲そのものであり、自己を苦しめるもとだから、我執を離れるべきですが、欲は魅力的で離れきれず、煩悩が生じてしまいます。その煩悩で悩み苦しみます。悩み苦しみながらも生きていかねばなりません。それで悩み苦しみからのがれるためには、我執を離れようという思いがなければなりません。我執を離れ悩み苦しまなくてもよい生き方をしようと、自分で発願することが、悩み苦しみのない解脱への道につながります。

それで、まずは名聞、利養の心を捨て、出世や金儲けをして、長生きしても、能のないことだから、本当の生き方をしなければ、生まれてきた甲斐がないと心に決めるべきです。

煩悩を断ち切り解脱に至る道が仏道です、我執の塊では仏道になりません。

そのためにはまず無常を観じる心がなければ、仏道にならない。無常の風が吹くと出世や金儲けは少しも役立たず、知識にとらわれても意味のないことです。人間の身体だけでなく、山も川も宇宙も生まれ変わり、死に変わりしている無常の世にあることを観じ、我執を離れ名利を離れて、はじめて本物にふれることができるようになるのでしょう。

無常を観じたら光陰の速やかなることを怖れるから、つまらぬことに心も動かない、今しかないから呑気にかまえていられないと思うようになります。

無常に徹していなければ、名利の落とし穴にはまり、本当の仏道になりません。無常を観じることで我執を離れ、真の自己に目覚めることができます。

人間はとかく損得でものごとを認識し行動しようとします。ところが、この世は損得で成り立っていないから、川の流れに逆らうと流されてしまいます。川は高きより低きに流れ行く、これが真理です。

仏教とはこの世の真理（仏法）そのものですが、その解釈を間違えると、仏法からそれてしまいます。自分の立場で、自分の目や耳でものごとをとらえると、どうしても目の前のあらゆるものが、自分と相対にあるものとして受けとめてしまう。相対として受けとめてしまうことを分別といいますが、ものの本質（真実の姿）を見失ってしまいます。

有るということにこだわると、無いということにもこだわってしまいます。有るとか無いとかの判断から離れるということが「無心」です。

自己の思量分別の働きによらず、自分を離れる、道元禅師は自己をわすれると言われたが、小さな自己という執着心から離れて、天地いっぱいの自己になれば、ものの本質を見失うことはないでしょう。「無心」となりて坐る。只管打坐《しかんたざ》とはそういうことで、これが禅の教えでしょう。

すべてにおいて自己の執着心に縛られているから自由になれない。執着心を放下《ほうげ》して、本来の自己の尊さに気づくことが解脱です。本来の自己とは、本来の面目（めいめいがもとよりそなえている仏性）が露《あらわ》になった自己のことです。本来の面目である仏性が露になったもの、真理の現われたるものが本来の自己であり、それを仏というのでしょう。

人には仏性という本来の面目がそなわっているから、仏性が現われ出る生き方をすればよいということです。自己を仏として生かしていく生き方です。仏として生きること、すなわち、さとり（真理）を実践する生き方が仏道であると、お釈迦様は教えられました。

不妄念とは邪な心を離れて、正しい仏の教えを胸に刻みつけて、けっして忘れないということです。

不妄念あるものは煩悩に揺れ動かされることはない。それで常に正法を念じて心に銘記すべきであるということです。もし正法に対する念《おも》いを失えば、諸々の功徳を失うことになるとお釈迦様は教えられました。

善知識《ぜんちしき》を求《もと》め善護助《ぜんごじょ》を求《もと》むることは、不妄念《ふもうねん》に如《し》くは無《な》し。若《も》し不妄念《ふもうねん》ある者《もの》は、諸《もろもろ》の煩悩《ぼんのう》の賊《ぞく》、則《すなわ》ち入《い》ること能《あた》わず。是《こ》の故《ゆえ》に汝等《なんだち》常《つね》に当《まさ》に念《ねん》を摂《おさ》めて心《むね》に在《お》くべし。若《も》し念《ねん》を失《しっ》する者《もの》は則《すなわ》ち諸《もろもろ》の功徳《くどく》を失《しっ》す。　「遺教経」

常に新しい私を生きる

誰もが悩み苦しみをかかえています。悩み苦しみが解消できればなんでもないことですが、精神的な苦痛がその人にとって大きなストレスとなり、心身に支障をきたします。

どうすれば苦痛を和らげ、悩み苦しみを上手く乗り越えていけるのかということですが、ロダンの作品に「考える人」というのがあります。悩み苦しみの自分の姿は、まさにロダン作考える人をイメージしたらよくわかるでしょう。ほおづえついて、下向きに考え込んでいると、どんどん気持ちが沈んでいく。だから、その姿勢を変えるべきです。

ではどうするのかということですが、朝、目覚めたらまずその場でちょっと坐ってみる。背筋を伸ばして顎ひいて肩の力ぬいて、お腹の底からゆっくり息を吐くこと数回、そして、自分に言い聞かせます「今日は良いことがある、悪いことは起こらぬ、過去は考えない」と。それから歯を磨いて顔を洗う、そして鏡に映る自分の顔を笑顔にして、その笑顔を今日一日の顔とします。

一呼吸で自分の古い細胞が死んで、そして新しい細胞が生まれます。だから、一呼吸の前と後では自分が新しい私になっています。なのに、頭はちっとも変わらない私であれば、過去にこだわってしまいます。これが、悩み苦しみの自分です。それでいつも背筋を伸ばし姿勢正しく、肩肘張らず、頑張らず、自然体で息の仕方を吐く呼吸法にする。そして、過去を引きづらないで、常に新しい私を生きることです。いつでも今が出発点です。

道元禅師は「この法は、人々の分上にゆたかにそなわりといえども、いまだ修せざるにはあらわれず、証せざるにはうることなし、はなてばてにみてり、一多のきわならんや、かたればくちにみつ、縦横きわまりなし」と修証一等《しゅしょういっとう》であると言われました。修証一等とは、修行がそのままさとりである。日々の仏道がそのままさとりの実践です。日々是仏道ですから、時間の使い方が命の使い方だということでしょう。

いつでも、何処でもできるから、時々、背筋を伸ばし、肩の力ぬいて、ゆっくりと息を吐く。呼吸方法を変えるだけでも、気分が落ち着きます。生き方を変えるとは、「姿勢正しく肩肘張らず、息の仕方を変える」ことです。これによって精神の落ち着きを保ち、正しい生き方を見失うことなく、日々新しい私で生きられます。

念力堅強であれば、たとえ五欲のいろいろな誘惑があっても、その誘惑に害されない。これを不忘念という。正しい仏の教えを胸に刻みつけ、けっして忘れないことです。

若《も》し念力堅強《ねんりきけんごう》なれば、五欲《ごよく》の中《なか》に入《い》ると雖《いえ》も、為《ため》に害《がい》せられず。譬《たと》えば鎧《よろい》を著《き》て陣《じん》に入《い》れば、則《すなわ》ち畏《おそ》るる所《ところ》なきが如《ごと》し。是《こ》れを不妄念《ふもうねん》と名《な》づく。「遺教経」

修禅定《しゆぜんじよう》「坐禅を修するところ、仏心露《あらわ》なり」

法に住して乱れず、名づけて禅定という

仏道に心身を集中する。法により安らって乱れないことを禅定という。禅定を修するもの、心を摂するものは、心が散乱することがない。

自己に親しむ

禅の修行道場では、十二月の初めの一週間に摂心《せっしん》という修行の期間をもちます。食事もむろん禅堂でいただきます。坐禅を連続させるのですが、摂心のはじめの頃は自意識がはたらき、足の痛さばかりが気になって、坐禅を離れたい気持ちが出てきますが、ずっと続けていますとやがて坐禅のみになっていきます。

この摂心の期間は四六時中坐禅に徹する、只ひたすら坐るのですが、落ち着いて坐れます。それもそのはずで、坐禅の他に何もないのですから、坐禅きりということです。

二千五百年前のインドでのことです。十二月八日はお釈迦様がおさとりになられた日です。それでこの日が成道の日とされています。ではお釈迦様は何をさとられたのかという

ことですが、それは法（真実の道理）すなわち、宇宙の真実に目覚められたのです。

お釈迦様は、迷いを離れてさとりに至られるのに六年もの苦行をなさったと伝えられています。それは苦からの脱却でしたが、苦行によっても苦からのがれることができなかったのです。苦とは、自らの苦であるのに、思い通りにならないのが苦というものです。宇宙の真理に目覚められたことで、苦から解脱されたのでした。

苦のあるところに安心はありません。苦を感じているのも、安心を求めているのも自我そのものです。人は生まれる前は何もない、実体がないから苦悩もない。自我がなければ迷いはないということです。生まれて成長していくにつれて自我に目覚めていきます。それにともない生きていくことの悩みや疑問が生じてきます。

だから苦を離れて安心を得るためには、自我のはたらきを止めた自分になればよいということでしょう。自分という主体を自己主張するところに自我がむき出しになる。それで悩みや苦しみがともなってくる。これが日常の私たちの姿です。

道元禅師は「仏道をならうというは、自己をならうなり、自己をならうというは、自己をわするるなり」と言われました。自己をわすれ去れば自分はないのですから、あるのは仏性のみです。その仏性が露になるのが坐禅です。

無心とは、まだそこには無心という私がある。無心もなく、私も無しでなければ、坐禅になりません。頭で思考すること、思量や分別心を離れてしまわないと坐禅になりません。道元禅師は不思量を思量しなさい、これすなわち非思量（無分別の分別）と教えられた。悩みをなくするために坐禅をするとか、仏になるために坐禅をするという、坐禅をさとりの手段とすることは坐禅ではありません。只《ただ》坐る、これが坐禅です。

只坐るところに菩提（さとり）があります。菩提とは一切の煩悩から解放された、迷いのない状態をいいます。

迷いは自分に親しめばなくなるものですが、自我を離れることができないから、人は迷い苦しむのです。坐禅は自己主張をしたくてもできない姿勢をとることです。無所得無所悟に坐禅する。黙って只坐禅する、それだけでよいのです。こういうのが自我を離れる、自分に親しくなるということで、坐禅とは何を得るということなく、何をさとるということでもなく、只坐禅をすることです。

若《も》し念《ねん》を摂《おさ》むる者《もの》は心則《こころすなわ》ち定《じょう》に在《あ》り。心定《こころじょう》に在《あ》るが故《ゆえ》に能《よ》く世間生滅《せけんしょうめつ》の法相《ほうそう》を知《し》る。是《こ》の故《ゆえ》に汝等常《なんだちつね》に当《まさ》に精進《しょうじん》して、諸《もろもろ》の定《じょう》を修習《しゅじゅう》すべし。「遺教経」

我と有情と大地と同根、一切衆生悉有仏性

大地にしっかりと坐禅されたお釈迦様は、宇宙そのものになりきっておられたから、宇宙のまっただ中におられるお釈迦様も、満天に輝く星の一つでした。それで明けの明星が輝いたその時に「我と大地有情《うじょう》と同時成道《じょうどう》す」。一切衆生悉有仏性《しつうぶつしょう》。をさとられました。

それは、お釈迦様がおさとりになった感動の瞬間でした。お釈迦様のことを仏陀と言います。目覚めた人ということです。

この世とは宇宙そのものであり、その宇宙の始まりから宇宙の終わりまで、ちっとも変わらない真理が仏性です。同時とは過去、現在、未来、いつでもということで、悉有仏性とは、存在するもの悉く《ことごと》が仏性であるということです。

存在するものは、悉くが変わらざる真理の性を有するから仏性です。すなわち、宇宙の星々も、地上の山川草木も有情のものも無情のものも、人も微生物も、変わらざる真理の性を有しているから悉くが仏性です。仏性が露で、真理が現われている（現成している）ものが仏ですから、存在するもの悉くが仏です。

お釈迦様は悉有仏性をさとられました。お釈迦様のさとられたものが法です。法とはこの世の真理のことです、それでお釈迦様（仏）のさとられた真理を仏法と言います。

修せざるには現われず、証せざるには得ることなし

仏性は天地いっぱいに満ちているから、森羅万象のいかなるものも仏性でないものはありません。この天地、宇宙がそのままに仏性です。この世は仏性という大きな宇宙であり、悉《ことごと》くが仏性である。生かされている生命は仏性です。坐禅は宇宙そのもの、仏性そのものになりきることです。この世は仏性で満ちているから、坐禅するところ、「放てば手にみてり、一多のきわならんや、かたればくちにみつ、縦横きわまりなし」と道元禅師は言われました。

坐禅は自らを調えることです。身体を調え、呼吸を調え、心意識の運転を調える。坐禅こそが自己の真の姿です。坐禅するところ、仏性が露になっている。さとりの自己とは自己が法に目覚めることです。お釈迦様の坐禅は、仏性そのものになりきることですから、坐禅がそのままにさとりです。

道元禅師は「坐禅は習禅にはあらず、大安楽の法門なり、不染汚《ふぜんな》の修証《しゆしよう》なり」(普勧坐禅儀)と言われました。不染汚とは分別心で汚されていないということです。だから、修行によりさとりを開くということでない、さとるための修行でない、修行がそのままさとりです。修と証を対立させない、修証は一等(修証一如)であるということです。

また「この法は人々の分上にゆたかにそなわれりといえども、いまだ修せざるにはあらわれず、証せざるにはうることなし」（正法眼蔵弁道話）。人には仏性がそなわっているから、坐禅を修することが、そのまま証（さとり）である、したがって、坐禅はさとりを求める習禅でなく、「修証一等」であると道元禅師は教えられました。

坐禅は坐るという行為ですが、坐禅している時だけが修証一等であり、坐禅していない時はそうではないというのであれば、坐禅の時だけがさとりであり、その他の日常は迷いであるということになります。修行がそのまま証であり、修行の他に証なしというのは、仏法は行であるから、料理するのも掃除も、洗面、入浴、用便、喫茶喫飯も坐禅そのもので、それは修行です。何ごとにつけても邪念を払拭して、そのものになりきって、それを修行することがそのまま証であるということです。日常が一歩一歩の仏道修行だから、日常の何ごとにつけても、どういう仕事に従事していても、四六時中、自分が修行の主人公であり、さとりの主人公であるべきです。

若《も》し定《じょう》を得《う》る者《もの》は心《こころ》則《すなわ》ち散《さん》ぜず。譬《たと》えば水《みず》を惜《おし》める家《いえ》の、善《よ》く提塘《ていとう》を治《じ》するが如《ごと》し。行《ぎょう》者《じゃ》も亦《ま》た爾《しか》なり。智慧《ちえ》の水《みず》の為《た》めの故《ゆえ》に、善《よ》く禅定《ぜんじょう》を修《しゅう》して漏失《ろうしつ》せざらしむ。是《こ》れを名《な》づけて定《じょう》と為《な》す。「遺教経」

修智慧《しゅちえ》「耳に聞き心に思い身に修せば、菩提《ぼだい》に入る」

聞思修《もんししゅ》を起こすを、智慧《ちえ》と為す

教えを聞いて得る智慧、道理を正しく思念して得る智慧、仏道を実践して得る智慧を真実の智慧と名づく。ほんものの悟りという智慧が湧き出ると、人生は無明で一寸先は闇であるが、借りものでないから無明黒暗の大明灯になる。

智慧の完成

菩提樹の下で坐禅をなさっていたお釈迦様は、夜明けを迎えられた。東の空が白む頃にひときわ輝く明星が目にとまった。そして夜が明けてあたりがすっかり明るくなった時、お釈迦様は明星の輝きも、山川草木も、生きとし生けるものすべてが輝いていることに感動されました。

「我と大地有情《うじょう》と同時成道《じょうどう》す」現前のすべてが、さとり（真理）を露にしている。現前のすべてに、さとり（真理）が現われている。

お釈迦様は自らが身心脱落、脱落身心されたのでした。

私たちは、さとりの世界にありながら、この世がそのままにさとりの世界であることを知らないでいます。

あたかも、真っ暗闇の崑崙《こんろん》砂漠に黒い玉が飛んでいくようなものであり、黒い玉は漆黒の闇に溶け込んでその存在がわかりません。また白銀の雪原に一羽の白鷺がいるけれど、見分けがつきません。けれども漆黒の闇に黒い玉が飛んでいるのであり、白銀の雪原に白鷺は生きています。それぞれ存在しており、いずれも溶け込んでいるのです。

真っ暗闇の崑崙砂漠はさとりの世界であり、黒い玉は自己である。白銀の雪原がそのままがさとりの世界であり、その中に生きている一羽の白鷺が私たちの日常の姿です。さとりの世界がそのままに自己の日々の生きざま、すなわち修行です。

般若心経には、さとりのことを阿耨多羅三藐三菩提《あのくたらさんみゃくさんぼだい》と表されています。智慧の完成であり、阿耨多羅は無上正等正覚、この上もなき最上の、三藐三菩提はさとりです。

般若波羅密は最高の徳である智慧で、般若は智慧の完成であり、波羅密はさとりに至るという意味がある。智慧は空すなわち完全な無執着、一切のとらわれを離れることです。

菩提はさとりで、さとりを求める心を菩提心という。さとりとは、悟り、覚、証、覚醒と、表し方はさまざまです。

微妙《びみょう》の法

お釈迦様が霊鷲山《りょうじゅせん》で、多くの人々の前で優曇華《うどんげ》（花一輪）を手にして瞬《また》かれた。その時、誰もが沈黙している中で、摩訶迦葉《まかかしょう》だけがにっこり笑って、座を立って合掌された。お釈迦様は摩訶迦葉に「私に正法眼蔵《しょうぼうげんぞう》、涅槃妙心《ねはんみょうしん》がある、それは実相にして無相であり、微《び》妙《みょう》の法である。したがって不立文字《ふりゅうもんじ》、教外別伝《きょうげべつでん》である。この法を汝にさずく」と述べられました。微妙の法とは文字や教えを超えたもので、形なきものであるが真実そのものです。

お釈迦様の拈華《ねんげ》（優曇華を手にして瞬かれた）に摩訶迦葉が微笑した、その時、微妙の法をお釈迦様から摩訶迦葉が受け嗣《つ》がれた。お釈迦様が菩提樹下で成道（さとりの完成）された、その微妙の法が、そっくりそのまま摩訶迦葉に伝わったということです。

お釈迦様は明けの明星の輝きとともに菩提樹のもとでさとりを開かれた。明星に向かって瞬かれた。お釈迦様が明けの明星に瞬かれたのも拈華で、お釈迦様が百万衆に向かって瞬かれたのも拈華であり、摩訶迦葉が破顔微笑されたのも拈華です。お釈迦様の拈華に摩訶迦葉が破顔微笑されたことを、拈華微笑といいます。

拈華とは、華を拈《ひね》るということですが、華を拈るということの言葉にこだわらず、華でも仏でも、身でも心でも、さまざまに言い換えてさしつかえないでしょう。

山河大地、日月風雨、さらには人畜草木にいたるまで、この世にあって生まれたり死んだりしている実態そのものが拈華であり、眼前の悉《ことごと》くに真理の姿が露になっている、そのことに気づくことも拈華です。

お釈迦様が摩訶迦葉に授けられたものは「実相《じっそう》無相《むそう》、微妙法《びみょうほう》、不立文字《ふりゅうもんじ》、教外別伝《きょうげべつでん》」文字や教えを超えて伝わる真実そのもので、形のない微妙の法です。これを智慧といいます。

これが微妙の法であり、智慧であり、さとりとはこれであると、目で見たり手に取って確認できるものではない。お釈迦様の御手の中で、華が自然に開いたといっても、そこには命がけの修行がともなっているのです。

お釈迦様の微妙の法は二千五百年の時を超えて、諸師によって受け嗣がれてきました。そっくりそのまま、一器の水を一器に移すがごとく受け嗣がれてきたから、正伝の仏法といいます。

ところが、正伝の仏法が嗣がれず途切れてしまったり、拈華の仏法とは言い難いものが巷にあふれていることは嘆かわしいことです。

坐禅をもって安楽の境地を求めようとしても、四六時中、寝ても覚めても坐禅のみと取っ組み合うわけにはいかないのです。仕事に専念しなければなりません。食事もすれば便所にも行く。それが日常生活というものです。

仏法すなわち微妙の法は、この世の悉《ことごと》くに通じるから万法である。どんな職業、どんな分野であろうが、それぞれにおいて、ものごとの本質というものがある。日々の生き方を命がけの修行と心得て、ものの本質を求め続けようという心を保ち、しっかりと全身で本質を体得していけは、何ごとにおいても真理に通じるでしょう。

本当の幸せを望むならば、どんな職業、どんな分野であろうが、ものごとの本質を求め続け、悩み苦しみながらも、真理を体得することに楽しみを見出したい。ものごとの本質を求め、真理を体得するとは、万法である微妙の法に目覚めることに通じるからです。

微妙の法は形なき真理で、文字や教えを超えたものだから、全身で体得すべきです。僧であろうが俗人であろうが、この世の真理である微妙の法に目覚めようとする生き方を最高の喜びとしたいものです。

したがって、日常生活がそのままにさとり（証）の生き方であり、修行という生き方でなければなりません。さとりの世界に生きる私たちですから、日常の生活である自己の生き方がそのままにさとりの現われとならなければ、本当の生き甲斐を感じることにならない。仏教の生き方とはそういうものであるはずです。

道元禅師はさとりを証と表し、日常生活の姿である自己の生きざまを修行と表されました。証はすなわち修行そのものであり、修行はそのままに証であると教えられました。このことを修証一等であると説かれました。

教えを聞いて得る智慧、道理を正しく思念して得る智慧、仏道を実践して得る智慧を真実の智慧と名づく。ほんもののさとりという智慧が湧き出ると、人生は無明で一寸先は闇であるが、借りものでないから無明黒暗の大明灯になる。またあらゆる苦しみの中であっても、堅牢なる船であるから渡りきることができる。煩悩の炎が燃えさかる迷中にあっても、智慧は強靱な斧となり、切り脱け出ることができるのです。

汝等比丘《なんだちびく》、若《も》し智慧《ちえ》あれば則《すなわ》ち貪著《とんじゃく》なし、常《つね》に自《みずか》ら省察《しょうさつ》して失《しつ》あらしめざれ。是《こ》れ則《すなわ》ち我《わ》が法中《ほうちゅう》に於《お》いて能《よ》く解脱《げだつ》を得《う》。……実智慧《じつちえ》の者《もの》は、則《すなわ》ち是《こ》れ老病《ろうびょう》死海《しかい》を渡《わた》る堅牢《けんろう》の船《ふね》なり、亦《ま》た是《こ》れ無明黒暗《むみょうこくあん》の大明灯《だいみょうとう》なり、一切病者《いっさいびょうしゃ》の良薬《りょうやく》なり、煩悩《ぼんのう》の樹《き》を伐《き》るの利斧《りふ》なり。「遺教経」

不戯論《ふけろん》「戯論《けろん》を捨離《しゃり》するところ、実相《じつそう》あらわなり」

証して分別を離れるを不戯論と名づく、実相を究尽《ぐうじん》する、すなわち不戯論なり

諸々の無益な分別や議論をすると心が乱れる。凡夫の誤った思慮分別を離れ、真実のすがたを究め尽くすことを不戯論と名づく。

唯一乗《ただいちじょう》の法のみありて、二も無く亦《また》三も無し

お寺の境内の掃除についての考え方は、汚れておれば美しくすることはもちろんですが、汚れの有無にかかわらず、毎日の掃除は欠かせません。境内は不染汚《ふぜんな》（さとりの境地）のところであるから、掃除して不染汚を保ちます。そのために日々掃除するのは、掃除そのものを不染汚の修行としているからです。

草は嫌われても生え、花は惜しまれて散るという。これは人間の思いであって、嫌われて生えている草などありません。これは必要だ、これは不要だ、これは好きだがこれは嫌いと、悉《ことごと》くが凡夫の認識です。これを違順《いじゅん》（苦の境界と楽の境界）相争《あいあらそ》うという。

境内の清掃において、はびこる雑草は取り除き、散った花を掃き除くのは、違順相争うことでなく、不染汚を保全するためです。

人間は欲望をむき出しにして損得を見定めるから、のぼせてしまい自分を見失ってしまいます。そして、大きいか小さいか、美味しいか美味しくないか、好きだ嫌いだ、幸せだ不幸だと違順相争うことばかりです。つまらない自己の嫉妬心《しっとしん》がそう思わせているのであって、こだわりの思いを捨てれば、いずれでもよいことです。

何ごとにつけても、自分の思い込みでものごとを受けとめて判断するとおかしくなる。自分の思うままに把握して、そして行動することが妄想《もうそう》です。また悉く対比したり区別したり、差別して受けとめてしまうことが分別《ふんべつ》です。妄想や分別をしなければ、実相（真実の姿）がよく見えるのですが、好きだ嫌いだと、人間は妄想・分別するからいけません。好き嫌いとは、それは迷いなり、迷うから実相を見失ってしまいます。心が心に騙される、自分が自分に騙されてしまうのです。

法華経に「唯一乗の法のみありて、二も無く亦三も無し」と、仏となる道はただ一つ一乗であり、二乗、三乗はなく、仏の乗り物にすべてを乗せてしまうとあります。すなわち、心静かに正身端坐《しょうしんたんざ》すれば、これが唯有一乗法《ただありいちじょうほう》で、妄想や分別が生じないから、実相すなわち真実がよく見えるということでしょう。

乱心戯論《らんしんけろん》を捨離《しゃり》すべし

死にたいと、苦しい自分の気持ちを話される。でも生死一如だから、生と死は一つのもので、生まれたら必ず死ぬ。いずれ心配しなくても命は尽きるものです。だから、生きる意味を明らめずして、死にたいと思うなかれです。

主人公は本来の自己、すなわち仏性です。仏性が主人公であるはずなのに、死にたいと思う人は、すっかりお客である煩悩に自己が乗っ取られているのです。

本来の自己である主人公の仏性が煩悩の影に隠れてしまい、影をひそめています。それが悩みの姿です。

「性に任じれば道に合す」で、法性の真理に任せれば、悩むことも、苦しむこともないはずです。だから煩悩のるつぼに堕ちて自殺する人など、まったく主客転倒というべきです。煩悩は発熱しているようなものだから、時が来れば冷めるのに、のぼせ上がってしまうと自己を見失ってしまうのでしょう。

悩みというものは自分勝手に考えるところから生じます。自分勝手に考えるから難しくなり、自分流に思ったり考えたりするから間違えてしまうようです。

人船に乗りて岸を見ると、岸が動いているように見える。岸が動くのでもなし、自分が動いているのでもなし、船が動いているのです。静慮《じょうりょ》すると本当の自分が見えてきます。

身心を乱し悩ませ、正しい判断を妨げる心の働きが煩悩です。貪り・怒り・無知で愚かな心、三毒が煩悩の根源です。だから自己の体は煩悩の入れ物であると認識すればよいのでしょう。自己中心の考えによる執着から煩悩が生じます。そして煩悩が妄想、分別を生じさせてしまうようです。

煩悩に振り回されるのは、わがまま勝手な自我に汚染した状態にあるからです。自我に染汚される以前の寂静な世界、すなわちさとりの心そのものを不染汚《ふぜんな》といいます。妄想も分別も生じない、それが不染汚です。仏性は不染汚であり、本来の自己そのものです。

自己の観念や感情で推量したり、いたずらに言葉で語ることもよろしくない。自己の思い込みとか経験なども忘れて、力むことなく無心になれば、自我に汚染される以前の本来の自己に立ち返ることができる。落ち着いて物事に動じなければ、迷いや苦しみに振り回されることはないということでしょう。

悲しみや他人への怒りの気持ちなど、いつまでも引きずっていても、なんら良いことにつながりません。一分一秒たりとも同じ私でない。だから過去にこだわらず、今の私を生きることです。それは執着する心を放下《ほうげ》する「乱心戯論を捨離す」ということでしょう。

応《おう》無《む》所《しょ》住《じゅう》而《に》生《しょう》其《ご》心《しん》

背筋を伸ばし、姿勢を正し、肩の力をぬいて、お腹の底からゆっくりと吐く呼吸法で、しばし静かに坐ってみましょう。本来の落ち着いた自己が取り戻せるでしょう。

坐るという時間がとれなければ、

一、背筋を伸ばして姿勢正しく、

二、肩肘張らず、かまえず自然体で、

三、ゆっくりと吐く呼吸法、

一、二、三をワンセットで、いつでもどこでもできるから、日常生活で何度もこれをすれば、おだやかな生き方ができるでしょう。

悲しみや他人への怒りの気持ち、悔やみごとなど、過ぎ去ったことをいつまでも引きずっていても、なんら良いことにつながらないでしょう。一呼吸すると自分の体の古い細胞が死んで新しい細胞が生まれる。新陳代謝しているから、常に新しい私になっています。一分一秒たりとも同じ私でないのですから、過去にこだわらず、今の私を生きるべきです。

金剛般若経に「応無所住而生其心」とありますが、執着する己の心を放下する言葉です。水は方円に従うの言葉通り、水を方形に入れても円形に入れても三角の器に入れても、水にかかわりはない。執着する心のはたらきがあってはならない、何ものにもとらわれない心で日々生きることが、「ストレス社会を生きぬく」生き方のようです。

諸々の無益な分別や議論をすると心が乱れる。凡夫の誤った思慮分別を離れ、真実の姿を究め尽くすことを不戯論といいます。

戯論とは妄想や分別による意味の無い議論のことで、無益な議論をすると心は乱れてくる。不戯論とは妄想分別を離れて、真実を究め尽くすことです。

若《も》し種種《しゅじゅ》の戯論《けろん》は、其《そ》の心則《こころすなわ》ち乱《みだ》る。復《ま》た出家《しゅっけ》すと雖《いえど》も、猶《な》お未《いま》だ得脱《とくだつ》せず。是《こ》の故《ゆえ》に比丘《びく》当《まさ》に乱心戯論《らんしんけろん》を捨離《しゃり》すべし。若《も》し汝寂滅《なんじじゃくめつ》の楽《らく》を得《え》んと欲《ほっ》せば、唯当《ただまさ》に善《よ》く戯論《けろん》の患《とが》を滅《めつ》すべし。是《こ》れを不戯論《ふけろん》と名《な》づく。「遺教経」

八大人覚はお釈迦様が説かれた最後の教えであり、「正法眼蔵八大人覚」は道元禅師の遺経なり。これを繰り返し身につくまで学ぶべしということです。この八大人覚の教えを聞くことのできた機縁をありがたく思い、これを実修しなければなりません。

水は方円に従うの言葉通り、
水を方形に入れても円形に入れても三角の器に入れても、
形は変わるけれど水であることにかわりはない。
執着する心のはたらきがあってはならない、
何ものにもとらわれない心で日々生きようと心掛けることが、
一番の健康法です。

毎朝一番に、背筋伸ばして肩の力を抜き、
ゆっくりと息を吐き、呪文を唱える……
「今日は良いことがある、悪いことは起こらない、過去は考えない」
そして歯を磨き、洗面して、
自分の笑顔を鏡に映し、
これを今日一日の顔にしましょう。

第五章　人生を百倍楽しく生きる

静慮《じょうりょ》

人は何らかの悩みをかかえています。悩み苦しみのない人などいないでしょう。生きていくことが苦しいということを「四苦八苦」の苦しみといいます。生老病死の四苦のみならず、愛する人との別れの苦しみ、怨み憎しみ合う苦しみ、求めても得られない苦しみ、何ごとにも執着してしまう苦しみなど、逃れられない深い苦しみを日々に感じて、人は生きていかなければならないのです。

生きている限り生老病死のみならずさまざまな苦しみから逃れられないから、四苦八苦の苦しみに耐えて、乗り越えて、生きていかねばなりません。この世のことを娑婆といいます。苦しいことがいっぱいあるが、耐えて生きぬくところが娑婆ですから、苦しいことにも耐えて生きていかなければならないのです。

楽しければ楽しく、悲しければ悲しく、おもしろければ笑い、悲しければ泣けばよい。そうはいってもついつい我を張って肩肘張ってしまいます。歯をくいしばって頑張らなければならない時は、思いっきり歯をくいしばって踏ん張ればよい。気楽にすればよい時には、気楽にして、ことさらにかまえないことです。

ところが、私は、私が、などと、私からすべてが始まるように、何ごとにつけても自分中心になってしまいがちです。自分がいつでも一番大切である、これが私たちの本音なんでしょう。さまざまな欲望があり、自分中心ですから、我欲を離れることがいかに難しいかということです。我欲から離れられないために、人は悩み苦しんでしまうのでしょう。

財欲とか食欲などの欲だけでなく、社会的に評価されたい、自分の存在を他に認められたい、人との関係を良好に保ちたい、などという欲もあります。そしてそれらが満たされず、人間関係でぎくしゃくすると、ストレスを感じて、悩み苦しんでしまいます。

特に人間関係から生じる悩み苦しみは、いつまでもそのことを引きずっていると心の病につながってしまいます。済んだことだから、過去の出来事として思い詰めることなく忘れ去ってしまえばよろしいのですが、身に染みついた心の傷はなかなか癒されません。

過度にストレスがかかっているのに「ストレスがない」と思っていないでしょうか。また、嫌な出来事や悲しいこと辛く苦しいことばかりがストレスの原因とは限りません。結婚、昇進など本人にとってうれしいはずのことで、ストレスが生じることもあるのです。

こうしたストレスは気づくのが遅れがちです。「何となく調子が悪い」といった身心の不調のシグナルを見逃さないことです。ストレスの原因の多くは生活習慣にありますから、ストレスになりやすい生活習慣かどうか、自分でチェックしてみましょう。

ストレスに負けない心をつくるには、自分と向き合い、ストレスの原因がどこにあるのかなど、現状の問題点を冷静に洗い出してみることです。プラス思考で、無理をせずにゆっくりと取り組んでいけばよいのでしょう。

幸せとは何でしょうか。幸せであるとはどういう状態をいうのでしょうか。お釈迦様は、「幸せとは悩みも苦しみもないことをいう」と教えられました。それでは悩みも苦しみもないとはどういうことでしょうか。どうすれば悩みもなければ苦しみもない生き方ができるのでしょうか。

静慮《じょうりょ》とは静かに真理を観察することで、智慧を得る修行法のことです。心を散乱しないで一つのものに集中する、静かに坐ることです。日常生活でほんの少しの間でもよろしいから、床に、あるいは畳に坐って、もしくは椅子に腰掛けて、いずれでもかまいませんから静かに坐ってみましょう。真っ直ぐに背筋を伸ばし肩の力を抜いて、目は半眼にして、お腹の底からゆっくりと息を吐いてみましょう。上と下の歯をつけ、口をつぐんで鼻からゆっくりと吐く呼吸法にしましょう。いろいろな雑念が浮かんでも、捨てておきましょう。

ほんの一時の静慮によって、本来の自分を取り戻せます。現前の何もかもをありのままに、あるがままに受けとめたらよいのです。かまえてみても力んでも、ならないものはならない、なるようにしかならないものです。何ごともあるがままに受けとめ、ありのままに認識できれば泰然自若《たいぜんじじゃく》の生き方ができる。悩みもなければ苦しみもない生き方とは、何ごとにもことさらにこだわらない生き方を身につけることでしょう。

人の悩み苦しみの姿は「ロダン作・考える人」の姿そのものです。それを続けていると悩みは一向に解消されません。したがって、「ロダン作・考える人」の姿勢をとらないことです。それには、生き方の姿勢を常に意識して変えてみることでしょう。

①背筋を伸ばして姿勢を正しく、
②肩肘張らず、かまえず、こだわらず、自然体で、
③ゆっくりと吐く呼吸法をとる。

いつでも、どこでもできるから、これをワンセットで、一日に何度もされるとよろしいでしょう。生き方の基本とは、生き方の姿勢ですから、少しの時間でも静かに坐れば精神がゆったりとして落ち着きます。

すべからく回光辺照《えこうへんしょう》の退歩を学すべし。
身心自然《じねん》に脱落して、本来の面目現前せん　「普勧坐禅儀《ふかんざぜんぎ》」

洗面

洗面とは心を清浄にすることです

朝起きたらまず歯を磨き顔を洗う、なにげない日常の習慣ですが、一日の始まりにはとても大切なことです。朝起きて洗面と歯磨をしなければ、気持ちがシャキッとしないとか、人前に出られないという人があります。また美容には欠かせないことだという人もあるでしょうが、朝一番に洗面することで清潔が保たれ、気持ちが一新します。

今から八百年前の鎌倉時代においては、朝の洗顔や歯磨の習慣は日本人にはまだなかったようです。それで、道元禅師は修行の道場において、顔を洗うことや歯を磨くことなど、身を清めることは心を清めることであるから、修行僧に洗面や歯磨をすることを習慣づけられました。

手を洗い、顔を洗い、頭を洗う、足を洗う、口を洗う、爪を切る、大小便のあとを洗う。身心を洗い清めて汚れを除き去ることは心を清浄にすることだから仏法の根本です。身を洗い心を洗い清めることによって、自分の住する環境も、ともに清浄になると、道元禅師は教えられました。

不染汚《ふぜんな》の自己を保持することが修行です

道元禅師は禅の修行において、歯磨や洗面をすることを大切な日常の修行とされました。また入浴や、便所での作法も示され、浴室と便所は坐禅堂とともに、声を発してはならないところ、三黙《さんもく》道場として、大切な修行の場とされました。それは身体を清めることが心を清めることにほかならないからです。

洗浄とは自分の身心を洗い清めることで、法界（真理の世界）を洗い、国土を洗い清めることにもなると教えられました。不染汚とは汚れていない、清浄であるということです。人は生まれながらに無垢清浄の不染汚であるとされています。洗面とは顔を洗い清めることですが、不染汚である自己をさらに洗うことで、不染汚を保持できる。修行として洗面することの意味とは、そういうことだと道元禅師は教えられました。

お寺の境内や堂内を掃除することも同じことで、汚れを掃き清めることもさることながら、もともと汚れていない不染汚のところである境内や堂内を不染汚の状態に保つことに意味があります。したがって洗面も掃除も、そのままが不染汚の修行にほかなりません。

坐禅をしていると、身についている煩悩という汚れが落ちていきます。だが、落としてもすぐにその後からまた新たな煩悩が生じてきます。これを次々と落とし不染汚を保持することが坐禅です。坐禅を続けている限り本来の自己である不染汚《ふぜんな》の自己、すなわち仏性が現われています。この仏性の現われている状態をさとりというのでしょう。

顔を洗うこと、身体を洗うこと、掃除をすることは、坐禅と同じく煩悩の汚れを落として心を清浄にする修行です。煩悩に汚染されていない、すなわち不染汚とは、もともと汚れていないという意味ですが、煩悩の汚れを落とすから不染汚が保持される。不染汚の自己を保持し続けることが日々の生活という修行でしょう。

坐禅とは、動きを止めて、手を組み足を組み、姿勢を正して身を調え、呼吸を調え、自意識を働かすことなく、坐ることです。心が調えられると、自ずから三毒すなわち貪瞋癡《とんじんち》（むさぼり・いかり・おろかさ）が封じ込められることから、さまざまな煩悩が生じなくなります。たとえ煩悩が生じても、やがてその炎は消滅します。したがって坐禅するところ煩悩が滅却されて、悩みも苦しみもありません。

道元禅師は坐禅を証《さとる》ための手段だとされていません。なぜならば坐禅を行じていることがそのままに不染汚が保たれた本来の自己の現われ、すなわち証《さとり》であるからです。坐禅を行じること、すなわち坐禅という修行は、証と一つのものであるとされています。

坐禅を行じているところ煩悩の汚れはなく不染汚ですから、一点の曇りもありません。

煩悩の炎が消滅している限り、自己は不染汚です。修行とは身心の汚れである煩悩の炎を滅却して、不断に不染汚を保持することをいうのでしょう。

煩悩の炎が消滅して不染汚が保持されていることを、本来の面目が現前するという。これが証です。坐禅を行じるのは自己であり、坐禅を行じる自己がそのままに証です。したがって道元禅師は、坐禅は「不染汚《ふぜんな》の修証《しゅしょう》」であるといわれました。

しかし四六時中坐禅をしていませんから、日常の一挙手一投足を悉く《ことごとく》修行と心得て、三毒の働きに身を任せることのない生き方を心掛ければよいのです。不染汚を保持することが悩み苦しみのない生き方ということでしょう。

人は修行によって証をうるのでなく、さとりの上にさらに修行します。もともと汚れていないものを磨くことですから、道元禅師は「不染汚の修証」といわれた。そして、修行と証とは一つのものですから「修証《しゅしょう》は一等《いっとう》なり」といわれました。

仏法にかならず浣洗の法さだまれり。
あるひは身をあらひ、心をあらひ、足をあらひ、面をあらひ、目をあらひ、口をあらひ、
大小二行をあらひ、手をあらひ、鉢盂《ほう》をあらひ、袈裟《けさ》をあらひ、頭をあらふ。
これらみな三世の諸仏諸祖の正法なり。　「正法眼蔵洗面」

幸せの条件

生命体は新陳代謝していますから、新しい細胞が生まれる一方で古い細胞が死滅します。新しい細胞が生まれる以上に古い細胞の消滅が大きくなると、老化の進行が速くなり、やがて生命体は死を迎えます。

生まれたことは、その時からやがて死ぬということが決まっているということです。だから人は死を恐れ、死を遠ざけたいと願います。ところが、人は絶望すると、その果てに自死してしまうことがあります。けれども自然界においては食の連鎖は命の連鎖だから、一つの死は他の生の源になるので自死はありません。自死するのは人間だけです。

事件や事故の恐怖体験は自分の心に記憶されます。いじめや虐待、人間関係のしがらみは心の傷となります。それが親子や夫婦、兄弟という身近な間柄であれば、とても深い心の傷になります。恐怖の体験や、辛く悲しいことがいつまでも記憶されて消えないとか、その体験がよみがえってきて苦しくなるという人がありますが、はたしてそうでしょうか。

人の身体は常に新陳代謝して、一呼吸ごとに新しい私に変わっていきますが、過去にこだわり、過去を引きずっていると、身心一如であるのに頭の認識が新しい私になっていかないからギャップが生じます。このギャップが悩みそのものです。

小さな自分の過去にこだわり、過去を引きずっていると、今が過去になり、未来も過去になるから先々に不安を感じてしまいます。読んだ新聞を捨て去るように、過去を引きずらないで、いつでも今が出発点だから、今を生きることが悩みの解消法のようです。

他の人のことをとても気にする人は、常に他から自分が注視されているとか、他から自分の行動に関心を持たれているなどと思い込み、ものすごく神経をすり減らしています。ところが、自分は他の人の目線や気配など全く気にしたことがありませんという人もあります。他の人のことをとても気にするタイプと、それほどでもないタイプ、人は様々です。

人は誰でも自分より大切な人はいないから、自分のことばかりが気がかりで、他の人のことなど気にする余裕などないというのが本音です。だから、自分に関心を持たれて注視されていると思うけれど、他の人は自分に対して自分が思うほどに、さほど注視していないのです。けれども、注視され関心の的になっていると思い込んでしまうから、それがストレスとなり、心身に影響して、悩みにつながっていきます。

この世は共生の世界ですから、誰もが共に生きる仲間なのだと思うことです。過度に他を気にしないようにすることが悩みの解消法です。

向上心と利他心があれば、いつでもどこでも主人公

心の病に悩む日本人が三百万人、ひきこもりが七十万人から百万人、そして自殺者が三万人近いといわれています。四苦八苦というけれど、生きている限りついてまわることばかりです。ところが、この四苦八苦に人間関係が絡んでくるから、深刻な悩みになります。日本人の誰もがうつ病や神経症、ひきこもりになるおそれがあるということです。いずれにしても、他がどうだとか、他が原因だとか言っているうちは、何ら苦悩は消滅しないでしょう。自分の生き方を変えなければ、自分が変わらなければ、根本的な解決になりません。

いつでも今を人生の出発点として、真理を求め真理に生きる、すなわち向上心がある人は迷うことがありません。だが、向上心がない人はあらゆる欲望や誘惑に右往左往して、心が乱れているから常に不安な日々を送ることになります。

この世は共生《ともいき》の世であるから、生まれてきたことも、今、生きているのも、生かされているのだと認識できる人には利他心があるから、生きづらさをさほど感じないでしょう。けれども自分の力で生きぬくのであるから、自分大切、自己中心・利己で生きればよいではないかと思っている人は、生きづらさを感じるでしょう。

「あなたは、なぜ、この世に生まれてきたのですか」

「あなたは、なぜ、今、存在しているのですか」

「あなたにとって、幸せとは、何でしょうか」

この質問に、あなたはどう答えますか。

その答えは、共生きの世だから、

「あなたが、この世に必要だから生まれてきた」

「あなたが、今、この世に必要だから存在している」

そういうことでしょう。

だから、あなたがこの世にとって必要な存在になればよい、ということです。すなわち、あなたの個性と能力を生かして、この世で必要な働きをすれば、あなたは他から必要とされ、他から感謝され、他から尊敬されるでしょう。この時、あなたは「幸せである」と、実感します。これが「幸せの条件」でしょう。

たとひ在家にもあれ、たとひ出家にもあれ、あるひは天上にもあれ、あるひは人間にもあれ、苦にありといふとも、楽にありといふとも、はやく自未得度先度佗の心をおこすべし。「正法眼蔵発菩提心」

三つの幸せ

共生《ともいき》の世界

昆虫も鳥も人も呼吸をしています。呼吸は、空気中の酸素を身体に取り込んで、炭酸ガスを戻します。その炭酸ガスを植物は太陽の光と水とで光合成をして、栄養分をつくります。その過程で生み出されるものが酸素で、それを人はいただいていますから、人と植物とは深いつながり関係にあります。植物は根から養分を取り込みますが、土中には微生物やミミズがいるから、土には植物の栄養分があります。花を咲かせれば蝶や蜂が受粉を助けるので実がなります。悉《ことごと》くがつながっているのがこの世です。

人は意識することなく呼吸をしています。それは自律神経が働いて肺を動かしているからです。心臓も、他の臓器も意識しなくても動いて、自分という生命体を生かしてくれています。まさに生かされているということでしょう。

ところが生きづらさを感じたり生きる希望を失ったりすると、生かされているはずの生命体に不調が生じます。自律神経が失調して、生かし生かされているこの世のつながりから離脱してしまえば、消滅すなわち死んでしまいます。

この世のすべてのものが互いに関係し合って存在しているということですから、存在しているすべてのものが、互いに他の存在を存在させている。生き物ならば互いに生かし合っているということです。生きているということは、他を生かし他に生かされているということです。自己が生きていることが他を生かしている。他に生かされているから自己が生きていけるということで、お釈迦様はこれを利生といわれました。

この世のすべてのものが互いに関係し合って存在しているということは、誰もがこの世にとって必要だから生まれてきたということでしょう。そして今、生きているのであって、その必要がなくなれば死んでいくということです。

今、生きているということは、生かされているということですから、生かされているという生き方をすべきなのでしょう。生かされているという生き方とは、自分勝手に生きていけるものでもなく、利生すなわち、他を生かすこと、他と共に生きること、それがこの世で生きるということでしょう。

生かし合いが生きることの根本の道理ですから、この世は「共生」の世界だということでしょう。

苦にありというとも、楽にありというとも、「他を幸せに」の心を発《おこ》すべし

共生の世界で生きていくためには、共生の世界の生き方があるはずです。それは自己の個性を生かした自分流の生き方であっても、共生の世界の原理原則から逸《そ》れた生き方をしようとすると生きづらくなってきます。共生の世界の生き方とは、すべてが他のためにということでなければなりません。この生き方が利生《りしょう》で、利生の実践が四摂法《ししょうぼう》です。

四摂法の摂とはおさめるということで、慈悲のはたらきです。道元禅師は四摂法（布施・愛語・利行・同事）の実践こそ、共生の世界における生活態度であるといわれました。

布施というは、生かされ生かし合うことに感謝し、よろこんで人のために分け与えて、相手からの見返りを期待せず、貪るという欲心をなくした行いが、布施の実践です。

愛語とは、やさしい言葉であり、親しみと思いやりのある言葉です。この慈しみの言葉は心に深く刻み込まれ、他の人の心を和ませます。愛語には社会をも変える力があります。愛語と笑顔は、互いを楽しくし、生きる希望と喜びの心を大きくします。

利行とは、無条件に他を利する行いであり、無所得の利行こそが、他人だけでなく自らも利することになる。損得をこえた慈悲行が利行です。

同事とは、違《たが》わないということで、自分の心にも違わないことであり、他人の感情にも

違わないことです。同事とは不違だから、自分も他人も区別することなく、差別することなく、自他の垣根も存在しないということですから、慈悲行の極みです。

海はどんな川の水をも拒まないから、川の水が集まって海となるのです。汚れた水であっても、きれいな水であっても、川の水は最後は海に流れます。どこのどの川の水でなく海の水一色になる。大海はすべてを包含する。これが同事ということの意味でしょう。

自分本位の心を捨てて、世のため人のために尽くそうとする誓願をおこし、この四摂法（布施・愛語・利行・同事）を一歩でも半歩でも実践することによって、苦しきことや悲しきことも、どんな困難をも乗り越えていける勇気と自信が自己にそなわってきます。共生の世での幸せ感とはそういうことでしょう。

つかみ取り、奪い取ろうと思う手を、合わす手に変えてみましょう。小さな一歩から、まず社会や他人に迷惑をかけない生き方に徹することから、利他の生き方が始まります。

布施・愛語・利行・同事を日々に実践して、福徳円満の人になろうと心掛けたいものです。やさしい心、美しい心があれば、人は生きていけるでしょう。

幸せとは何か、どうすればその幸せを実感できるのでしょうか。幸せは自らつくり出すものであり、また、いただかせてもらうものでしょう。

三つの幸せ

誰でも、幸せとは何なのかと、ふと思うことがあるでしょう。今までが幸せな日々であっただろうか。今は幸せだろうか。そしてこれから先はどうだろうか。自分にとって幸せとはどういうことだろうか、そう思う時に、次の三つの幸せということに思いをめぐらせてみてはいかがでしょうか。

すなわち、その一は、「この世に生まれてきたという幸せ」です。その二は、「今、生きていることの幸せ」です。そしてその三は、「生きていくという幸せ」です。

この世ではすべてのものが関係し合って存在しています。悉《ことごと》くつながっているのです。だから、どんなものでもこの世に存在するものは、いずれも欠くべからざる存在であり、必要なものばかりで、不必要なものは存在していません。誰もがこの世にとって必要な存在として、両親のもとに生まれてきました。まずは「この世に生まれてきたという幸せ」を受けとめたいものです。

今、生きているということは、生かされているということで、意識するしないにかかわらず、他のためにという生き方、すなわち利生はこの世の道理です。したがって、これに逆らって生きようとすれば生きづらくなります。もしあなたが生きづらさを感じているならば、自分自身が利生に反した行動をしているか、周りの誰かさんが利生の空気を乱しているために、その影響を受けているかのいずれかです。

「利行は一法なり、あまねく自他を利するなり」という道元禅師の教えがありますが、他を幸せにしない限り、自己の幸せはありません。この世が共生の世界であることは否定できない根本原則です。

世の中でその人が必要だと認められること、他から必要とされている自分であれば自分の存在感を常に自身で感じ取れるでしょう。それが、「今、生きているという幸せ」です。

そして他が、世の中が必要としていることを自分が受けとめ応じることができれば、それが自分の幸せにつながります。それは仕事でも、ボランティアでも、その必要なことに邁進できればそれは幸せそのものです。そしてそういう生き方をしている限り、その人は他から社会から、感謝され尊敬されるでしょう。この時、人は心底から幸せと感じます。それが続く限り、その人は幸せのレールを踏み外すことはないでしょう。この生き方を、これからも続けることが「生きていくという幸せ」ということでしょう。

菩提心を発すというは、己れ未だ度らざる前に一切衆生を度さんと発願し営むなり。

「修証義」

人生を百倍楽しく生きる

お釈迦様の生き方を学ぶということは、お釈迦様の生き方のまねをすればよいのでしょう。そのためにはまねるべきものを熟知しなければなりません。

「我と大地有情と同時成道《じょうどう》す。」お釈迦様はおさとりの感動をこのように表されたと伝えられています。

一切衆生悉有仏性《しつうぶつしょう》。仏性とは、宇宙の始まりから今まで、宇宙に終わりがあれば、その終焉に至るまで全く変わらないところの真理のことです。

森羅万象の悉《ことごと》くにそなわっている真理が仏性です。悉有仏性とは、悉くが仏性であるということです。

この世に自然に存在するもの悉くが真理の現われ、すなわち仏性である。真理である仏性が露《あらわ》になったもの、仏性が具現《ぐげん》したものが仏です。

ですから、草木国土悉皆成仏《しつかいじょうぶつ》。山川草木、生きとし生けるもの、人も、悉くが仏です。成仏だから、悉くが真理の現われである。このことをお釈迦様はさとられたのです。

お釈迦様は存在するもの悉くに真理が現われていることをさとられたのです。

この真理をさとられたお釈迦様のことを、尊称して仏陀（覚者）とお呼びしています。お釈迦様は、この世の真理すなわち諸法実相《しょほうじっそう》を三法印《さんぼういん》として「諸行無常《しょぎょうむじょう》」「諸法無我《しょほうむが》」「涅槃寂静《ねはんじゃくじょう》」であるとお説きになられました。

膨張する宇宙そのものが時間です。それは無常迅速です。この世に存在するもの悉くが変わりゆくものばかりであるから諸行無常です。

膨張する宇宙そのものが存在です。それは原因と条件、すなわち縁起によります。この世に存在するものは悉く縁起にもとづき生滅しているから諸法無我です。

膨張する宇宙そのものが只今《ただいま》です。その只今に私たちは生きています。尽十方世界は真実そのもののあらわれであり、真理が現成《げんじょう》したところであるから涅槃寂静です。

この世の真理とは、広大無辺の宇宙のことですから、宇宙物理学で解き明かそうとしても究明し尽くせません。ちっぽけな人間の思慮分別では、到底理解できないのです。膨張する宇宙の中に、星々も私たちも存在しています。

現前の世界、それは悉《ことごと》くが真理の現われ、仏性が露になったものが存在しているところです。星々も山川草木も、生きとし生けるもの、人も、仏性の現われです。仏性が露になった存在が仏であり、人も仏です。

仏である私たちには自性清浄心《じしょうしょうじょうしん》がそなわっているから、この身心を大切にして仏性に違《たが》わない生き方をしたいものです。仏性に違わない生き方ができておれば、悩みも苦しみもないはずです。人には清浄心がそなわっているから、本来は不染汚《ふぜんな》の自己です。不染汚の自己が保持されておれば、悩み苦しみは生じないのですが、煩悩の炎が上がると平常心を狂わせるから、悩み苦しみを招いてしまいます。それで、日常での「ほとけの修行」が欠かせません。

人には仏性という本来の面目がそなわっているから、仏性が現われ出る生き方をすればよい。仏性が現われ出る生き方とは自己を仏として生かしていくことです。その生き方が「ほとけの修行」です。自己を仏として生かしていくことで、本来の面目が現われるから、その修行がそのままさとりであり、さとりを修行することが仏教徒の日々の生き方です。

人は修行によって証《さとり》をうるのでなく、さとりの上にさらに修行します。もともと汚れていないものをさらにみがくということですから、道元禅師は、「不染汚《ふぜんな》の修証《しゅしょう》なり」といわれた。そして、修行と証とは一つのものですから「修証《しゅしょう》これ一等《いっとう》」といわれました。坐禅を修行することがさとりであり、さとりを修行するのが坐禅です。

「不染汚の修証」「修証は一等なり」このことを日常生活ではどのように行じればよいの

か、それが仏教を信奉する衆生の生き方ということでしょう。

戒とは、何人にもそなわっている自性清浄心すなわち仏性そのものですから、自性清浄心を自覚する生き方が戒を持《たも》つということです。そのためには日常の心得として、禅の十六戒をよく持つことであると道元禅師は教えられました。

戒とは自性清浄心そのものですから、戒を持つ生き方を心掛けよということです。それで、まず懺悔《さんげ》して、そして仏法僧の三宝《さんぼう》に帰依《きえ》し、三聚浄戒《さんじゅじょうかい》、十重禁戒《じゅうじゅうきんかい》をいただくことを道元禅師は「教授戒文《きょうじゅかいもん》」で説かれました。禅の十六戒を修行することが自性清浄心を保持することであり「不染汚の修証」です。

お釈迦様はお命が尽きる間際に、自灯明・法灯明の教を弟子たちに授けられました。そして、最後の説法に八大人覚《はちだいにんがく》を説かれました。道元禅師もご自分の最後の説法として、八大人覚を生き方の規範として、一生の心掛けとすべしと説かれました。

八大人覚とは人が覚知すべき八種の法門で、少欲《しょうよく》・知足《ちそく》・楽寂静《ぎょうじゃくじょう》・勤精進《ごんしょうじん》・不妄念《ふもうねん》・修禅定《しゅぜんじょう》・修智慧《しゅちえ》・不戯論《ふけろん》です。八大人覚は「人生の道しるべ」であるといえるでしょう。八大人覚を覚知することが、安楽の境地を持続することであるから、修行を怠ることなく努めよという教えです。

行住坐臥《ぎょうじゅうざが》ということにおいて、八大人覚を生き方の規範として、これを日々修行することで、寂静無為の安楽が得られる。「修証《しゅしょう》これ一等《いっとう》なり」ということです。

禅の十六戒を修行することが「ほとけの修行」であり、八大人覚を覚知することの修行が「さとりの実践」です。「日常の心得」として、十六条の戒を持《たも》つこと、「人生の道しるべ」として八大人覚を覚知することにより、悩み苦しみのない生き方を我が身の上に実現したいものです。

そして、この世は共生の世界ですから自己中心の生き方から、利他すなわち他を幸せにする慈悲行《じひぎょう》の願いに生きることが、自己が幸せになることだと確信したい。利他に生きることを通して、自分が、他から社会から必要とされ、感謝され、尊敬されると、人は心底から幸せを感じることができるでしょう。

本来の面目である仏性を自己の上に保持することが仏らしく生きることであるから、悩み苦しむことのない生き方ができる。その実践をゆるぎないものとするために、向上心を鼓舞して、禅の十六戒と八大人覚、すなわち、この智慧《ちえ》を護持《ごじ》する日常の生き方をまず基本とすべきでしょう。

生き方の基本の一つが、「向上心を鼓舞して、禅の十六戒を持ち、八大人覚を覚知すべし」です。

この智慧の覚知がなされておれば、自ずから慈悲心がそなわってきます。慈悲心の発露した行いが利他行です。利他行とは四摂法「布施・愛語・利行・同事」の実践です。

この世は共生の世界です。自己中心の生き方では必ず生きづらさを感じます。ですから**生き方の基本の二つが、「慈悲心を高めて、利他行（四摂法）を実践すべし」です。**

宇宙の始まりから今までが過去で、宇宙に終わりがあるならばその終焉までが未来です。私たちは宇宙の今に生きています。小さな自己の過去にこだわると将来が不安になります。

日常の一時の静慮によって、おだやかな心が保てるでしょう。

生き方の基本の三つが、「常に今が出発点、ほとけの修行、さとりの実践を怠ることなかれ」です。

常に今が出発点です。智慧を覚知し、利他行を実践し、ほとけの修行さとりの実践を怠らない。これが苦悩なき生き方であり「人生を百倍楽しく生きる術」ということでしょう。

精進こそ不死の道、放逸こそは死の道なり。いそしみはげむ者は、死することなく

放逸にふける者は、生命ありともすでに死せるなり。

明らかにこの理を知っていそしみはげむ賢き人らは、

精進の中にこころよろこび、聖者の心境にこころたのしむ　「法句経二一」

心身の疲れを癒し活力ある生活を

禅タイム

椅子に坐って・・・椅子坐禅

身体を調える

●椅子にどっしりと腰掛ける、背筋を伸ばし、顎を引く、両肩の力を抜いて、耳と肩・鼻と臍とが垂直に

手は右手のひらの上に、左手を重ね、両手の親指を向かい合わせ、かすかに触れ合わす

●口は閉じて、目は自然に開き約１ｍ前に視線を落とす

●姿勢を調え、上半身を左右に緩やかに揺らして、背筋を立て、しだいに動きを止め、身体を安定させる

息を調える

●身体が安定したら、腹の底から息を吐くように大きく深く数回呼吸する

そして口を閉じ、歯も噛み合わせて

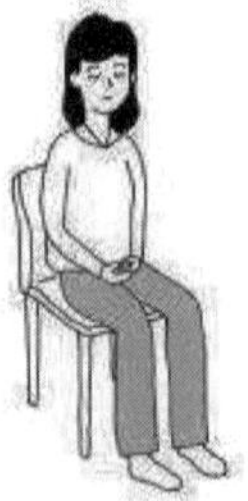

静かにゆっくりとした、鼻からの呼吸に変える

心を調える

●身体と息が調ってきたならば、心落ち着け静かに坐る

聞こえてくる音も聞き流し、脳裏に浮かぶ事柄にも気にかけず、只《ただ》ひたすらに坐る

非思量これ即ち坐禅の要術なり　「普勧坐禅儀」

坐禅は、そのままがさとりです

大地の高さに身を置き、地球の呼吸と命の歩みに合わせて、静かに坐ってみましょう。

人は生かされているから、姿勢や呼吸を意識していない、けれども欲のおもむくままに生きようとするから、人はつまずきます。

真っ直ぐに背筋を伸ばして、かまえず自然体で、呼吸を調えます。日常生活において、ほんの少しの時間であっても、静かに坐ることができれば、心おだやかな自分を自覚できるでしょう。本来の自分を見失わなければ、つまずいても、転んでも、歩むべき道を踏みはずすことはないでしょう。そして、人生いかに生きるべきか、進むべき方向がよく見えてきます。

しづかなる　心の中《うち》に　栖《す》む月は　波もくだけて　光とぞなる　「道元禅師」

世の中は　今日よりほかはなかりけり、昨日は過ぎつ　明日は知られず
朝、目が覚めたら、その場でちょっと坐ってみましょう
背筋を伸ばして姿勢を正し、肩の力を抜き、ゆっくりと息を数回吐きます
朝一番の心の体操で今日一日が安らかになります
そして、洗面をすませて鏡に自分の笑顔を映してみましょう
その笑顔を今日一日の顔にしましょう

前には、放逸なりし人も、やがて後に、はげみ深き人は、
まこと雲を離れたる月のごとく、この世間を照らさん　「法句経一七二」

安達 瑞光（あだち ずいこう）

1947年 兵庫県生まれ。
1970年 龍谷大学を卒業し、永平寺本山僧堂安居
1972年 神応寺住職。現在　曹洞宗布教師。
各種団体、企業、老人施設、寺院などへの出前法話や出前坐禅を行っている。中小企業を対象とする経営指導の経験を生かし、企業向け研修も実施。
1998年より神応寺ホームページを開設し、心の悩み相談で、数多くの相談にあたる。http://www.eonet.ne.jp/~jinnouji

著書
2012年『卒哭・生き方を、変える』（風詠社）
2017年『人生の標準時計　苦悩なく生きる術』（風詠社）

人生を百倍楽しく生きる「生き方が、仏教」禅の十六戒・八大人覚

2019年9月8日　第1刷発行

著　者　安達瑞光
発行人　大杉　剛
発行所　株式会社 風詠社
〒553-0001　大阪市福島区海老江5-2-2
大拓ビル5 - 7階
TEL 06（6136）8657　http://fueisha.com/
発売元　株式会社 星雲社
〒112-0005　東京都文京区水道1-3-30
TEL 03（3868）3275
装幀　2DAY
印刷・製本　シナノ印刷株式会社

ISBN978-4-434-26455-9 C0015